I

This book is dedicated to Leah Nyack Fanwar and Loslyn Bissessar

To Mum and Aunty Los —

You both taught me that puzzles are more than games — they're quiet joy, peaceful moments, and gentle challenges meant to be conquered. Through your example, I learned not only to love solving puzzles, but also to face life's challenges with patience, grace, and quiet determination.

Mom, I grew up watching you work through puzzles with focus and calm, and from you I inherited the joy of problem-solving. Aunty Los, I saw the same spark in you — especially after time spent in your beloved garden among your nutmeg trees. You'd settle in with a puzzle in hand, and your contentment stayed with me.

This book was created especially for you — so you can hold a little joy, a little challenge, and a whole lot of love in your hands. Thank you for inspiring me.

Acknowledgements

Though a puzzle book, Grenada @ 50 required a great deal of research to represent our island with accuracy, care, and cultural pride. This was only possible through the generosity of so many who shared their time, knowledge, stories, and inspiration with me.

Heartfelt thanks to Shaunell Moore for embracing this project with such enthusiasm, creativity, and heart. You not only understood the vision, but brought it to life with a cover design that beautifully reflects the colour, warmth, and vibrance of Grenada. Thank you for making this journey such a joyful one — filled with laughter, learning, and shared passion.

I gratefully acknowledge the work of John Angus Martin, whose A to Z of Grenada Heritage was an invaluable reference, as well as Caribbean Spice Island Plants by Guido Marcelle et al.

To the Belmont Estate family — especially Anthony Noel, Kemandra Martin, Kinda McIntosh, Stacey Leid Redhead, and Selena Williams — thank you for your insight, patience, and enthusiasm throughout this journey. And to Selena's grandmother, Virginia LaCra, thank you for your special contribution to the Patois phrases.

To my dear parents, Leah and Baxter, my children, Anna and Benno, and my brother Richard — your love and support kept me grounded and inspired. And to the many others who contributed — through memory, conversation, or simply by being part of the story — thank you.

Welcome

Grenada @ 50 was born from a desire to honour — to pause, reflect, and celebrate who we are as a people and a nation. I wanted to create something that recognizes the contributions of those who came before us, those who built this country with their hands, hearts, and hopes — names we often remember, and many we sometimes forget. This book is for all of them.

Our island is a wonder — from the early settlement of the Arawak and Kalinago people, through the turbulence of colonization, to the hard-won pride of Independence and the beauty of all we've become today. Grenadians have faced every challenge with resilience, faith, and creativity, and we continue to evolve into a people of depth, colour, and purpose.

The Government of Grenada marked our 50th Anniversary of Independence with spectacular and meaningful celebrations — events that stirred our national pride and reminded us of how far we've come. I wanted to make my contribution in a way that was lasting, joyful, and accessible — something that could reach classrooms, families, elders, children, and Grenadians near and far.

That's how this puzzle book came to life — as a fun and thoughtful tribute to our culture, our stories, our flavours, our language, and the vibrant beauty of Grenada.

You'll be pleased to know that every copy of this book supports something even bigger — all proceeds go to the Belmont Foundation, our non-profit organization, which works to uplift our communities through education, environmental stewardship, heritage, and community development. With every puzzle solved, you're helping us build a brighter future for Grenada.

This is my tribute — to Grenada, to its people, and to the bright, beautiful promise that still lies ahead.

Buckle Up

*This isn't just a puzzle book — it's a cultural journey. I created **Grenada @ 50** as a joyful tribute to our island and our people. While it's not a textbook, it offers plenty to learn through play, discovery, and memory — and a chance to fall in love with Grenada all over again.*

Here's how to enjoy the ride:

- *One Long Word, Please!*
- *All puzzle answers appear as one continuous word — no spaces between parts of a phrase. For example, Grand Anse Beach becomes GrandAnseBeach.*

❌ ***No Punctuation***

We've left out commas, apostrophes, and full stops. Just flow with the letters and let the words reveal themselves.

Be Curious

Let each puzzle be a starting point. Look things up, ask questions, and dive deeper into Grenada's stories.

It's Me Talking

Some of what you'll find here is based on my interpretation and experience. Grenadian expressions, stories, and spellings — especially in dialect — can vary. That's part of what makes them so rich and alive.

Need a Hint?

If you ever get stuck, don't worry — there's a full set of solutions tucked away at the back of the book.

Make It Yours

Circle, underline, highlight, laugh, and share. This book is yours to explore and enjoy however you like. And, it's a keepsake - so cherish it!

And Most of All... Have Fun!

Slow down, reconnect, and celebrate all that we are. Happy puzzling — and welcome to the ride.

PUZZLE DESTINATIONS

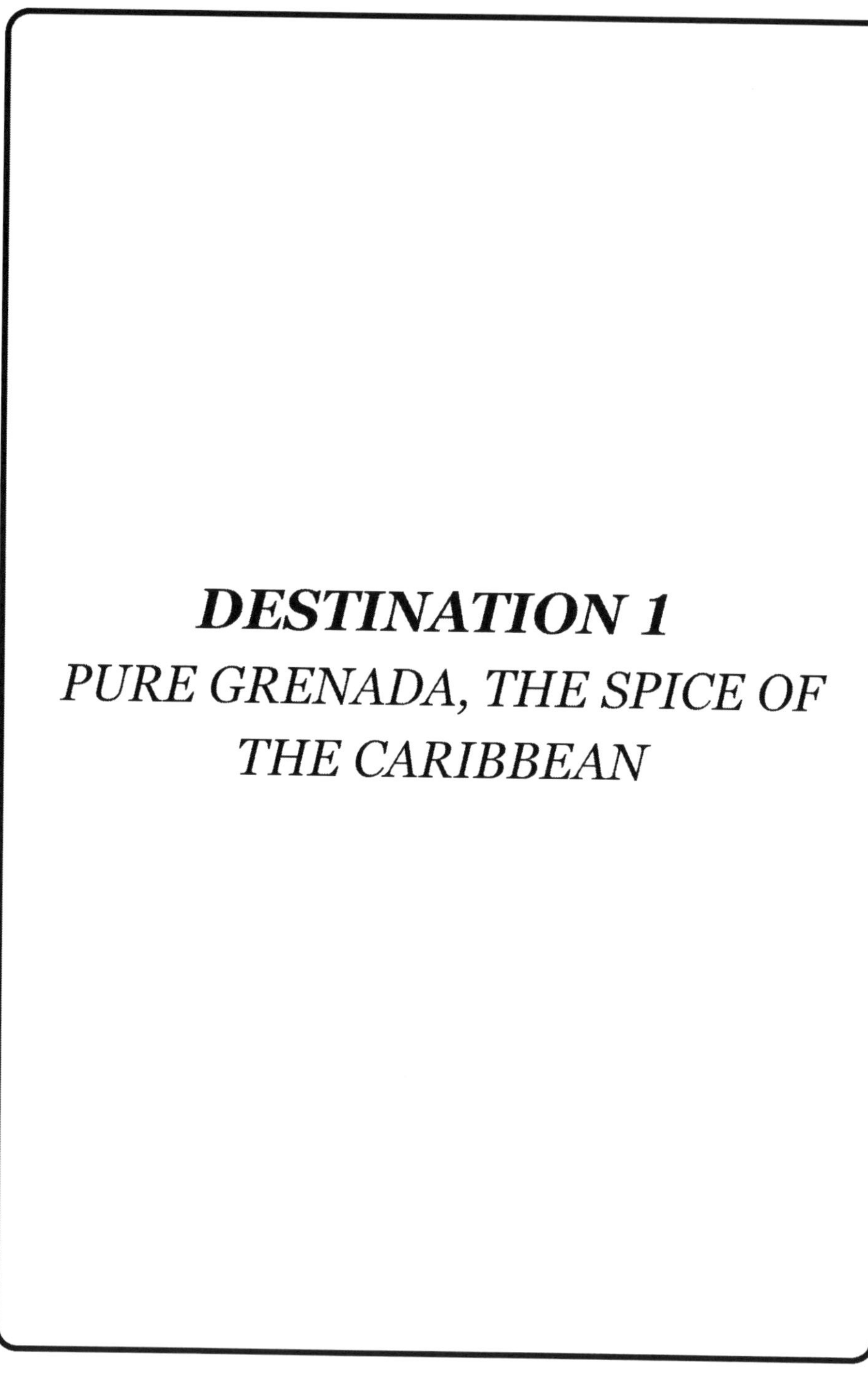

DESTINATION 1

PURE GRENADA, THE SPICE OF THE CARIBBEAN

Grenada is small, yes — but full of heart.

We are a tri-island country — Grenada, Carriacou, and Petite Martinique — with green mountains, winding rivers, charming coastal towns and hillside villages. You can smell nutmeg in the breeze, glimpse the sea from mostly everywhere, and feel the warmth of people who still greet you with a smile or a "Good morning."

Life here is not always easy, but it is full — of stories, struggle, celebration, and strength. We grow what we can, we share what we have, and we hold on to what matters: faith, family, land, and culture.

Our people come from many places, carry many histories, and still find ways to live side by side. We are teachers, fishermen, market vendors, nurses, bus drivers, mas makers, farmers, cooks, and creatives. We are serious when we need to be — and full of jokes most of the time!

This section is about the land we walk and the people who walk it — where we live, how we live, and who we are.

***Welcome to Grenada** — not perfect, but proud. A place that holds its past, lives its present, and still believes in its future.*

PUZZLE 1

FAIR ISLE UPON THE CARIB SEA

- ☐ COLOURFUL
- ☐ CULTURAL
- ☐ DIVERSE
- ☐ ENCHANTING
- ☐ FLAVOURFUL
- ☐ GREEN
- ☐ HISTORIC
- ☐ LUSH
- ☐ NATURAL
- ☐ PEACEFUL
- ☐ PROUD
- ☐ RESILIENT
- ☐ SAFE
- ☐ SCENIC
- ☐ SPICY
- ☐ SUNNY
- ☐ TROPICAL
- ☐ VIBRANT
- ☐ WARM
- ☐ WELCOMING

PUZZLE 1

P	N	K	Q	Q	Y	S	Z	B	V	K	Q	V	F	M	X	P
P	Y	S	M	Q	C	I	N	E	C	S	X	N	L	P	O	L
U	E	R	L	C	S	K	Y	C	I	P	S	R	A	F	I	U
T	G	A	W	V	Y	D	I	V	E	R	S	E	V	H	H	F
F	D	X	C	Y	I	Y	U	P	L	P	C	U	O	L	L	R
M	G	A	Z	E	Q	B	K	V	U	X	W	G	U	C	A	U
B	E	C	B	V	F	D	R	M	R	B	W	K	R	C	R	O
S	W	A	D	X	D	U	G	A	U	M	Y	O	F	H	U	L
Y	J	G	R	O	R	B	L	N	N	Q	T	G	U	L	T	O
P	C	I	R	O	T	S	I	H	I	T	R	G	L	J	L	C
T	M	D	E	O	O	K	G	F	M	T	B	L	O	F	U	F
G	R	J	A	R	D	K	J	S	V	N	N	J	F	Y	C	Y
E	O	O	X	O	P	Z	S	A	K	G	A	A	Y	Z	S	M
R	R	J	P	J	A	Q	D	D	S	H	W	I	H	U	S	W
E	T	F	Q	I	K	V	W	S	S	P	Y	P	N	C	Q	K
S	U	K	I	Q	C	N	K	U	A	A	U	N	W	M	N	Z
I	J	V	L	E	V	A	L	M	P	F	Y	A	X	K	I	E
L	P	R	O	U	D	W	L	R	C	U	E	I	D	U	I	O
I	B	J	U	E	M	D	V	A	V	W	I	L	U	K	D	A
E	I	A	S	Q	C	P	J	W	W	Z	R	A	O	D	P	S
N	G	N	I	M	O	C	L	E	W	O	G	R	E	E	N	X
T	F	M	X	Y	Q	J	I	K	W	T	U	A	K	C	B	T
R	Z	H	D	C	K	J	L	R	T	L	A	R	U	T	A	N

PUZZLE 2

WE ARE GRENADIANS, IF YOU PLEASE!

- ☐ CREATIVE
- ☐ DETERMINED
- ☐ FRIENDLY
- ☐ GENEROUS
- ☐ HARDWORKING
- ☐ HONEST
- ☐ HUMBLE
- ☐ JOYFUL
- ☐ KIND
- ☐ LOYAL
- ☐ PEACEFUL
- ☐ PASSIONATE
- ☐ PROUD
- ☐ RESPECTFUL
- ☐ ROOTED
- ☐ SPICY
- ☐ SPIRITUAL
- ☐ UNITED
- ☐ VIBRANT
- ☐ WARM

PUZZLE 2

V	P	E	C	R	Z	W	C	E	R	B	W	T	D	F	S	I
W	E	E	W	K	J	W	C	G	U	C	W	N	N	T	P	H
L	U	I	K	E	D	T	L	R	I	U	I	T	W	A	I	T
I	G	S	O	U	E	S	U	Q	K	K	K	Y	E	I	R	K
I	S	U	X	D	T	V	F	T	J	K	H	O	N	L	I	Y
Z	T	O	Q	Z	I	Z	T	V	I	B	R	A	N	T	T	M
V	G	R	R	K	N	B	C	P	A	P	Z	H	K	C	U	C
M	D	E	B	O	U	B	E	Q	A	Q	L	V	S	C	A	F
L	C	N	Q	F	O	H	P	S	B	O	U	Y	L	Z	L	W
B	T	E	C	F	M	T	S	A	W	B	F	I	U	U	I	I
N	W	G	F	V	J	I	E	M	K	N	Y	M	S	P	F	U
Y	P	G	O	Q	O	H	R	D	P	I	O	A	G	D	U	F
D	D	F	U	N	P	C	P	O	Q	R	J	Q	P	U	D	K
N	J	R	A	Y	Y	L	D	N	E	I	R	F	P	K	F	P
T	Z	T	U	T	I	W	Q	L	A	Y	O	L	Y	H	H	E
G	E	B	K	S	A	K	R	P	M	R	A	W	F	U	G	A
T	H	M	J	E	T	E	W	D	L	H	U	M	B	L	E	C
Q	R	E	L	N	J	H	T	M	U	G	U	T	N	M	Q	E
F	H	S	P	O	H	A	R	D	W	O	R	K	I	N	G	F
Y	B	O	J	H	D	I	H	Z	F	S	K	D	V	B	P	U
V	R	P	E	Q	X	T	W	Z	I	F	D	U	O	R	P	L
S	R	C	M	E	V	I	T	A	E	R	C	Y	C	I	P	S
O	A	J	D	E	T	E	R	M	I	N	E	D	W	A	P	K

PUZZLE 3

GRENADA PROUD & FREE

- ☐ ANTHEM
- ☐ BRAVE
- ☐ COURAGE
- ☐ FLAG
- ☐ FREEDOM
- ☐ FUTURE
- ☐ GRENADIAN
- ☐ HEARTBEAT
- ☐ HERITAGE
- ☐ HOME
- ☐ INDEPENDENCE
- ☐ JOY
- ☐ LOVE
- ☐ NATION
- ☐ PATRIOT
- ☐ PLEDGE
- ☐ POWER
- ☐ PRIDE
- ☐ RISE
- ☐ UNITY

PUZZLE 3

E Q F G W J A O R P F U T U R E W
H R N A T I O N J N M U K G O G K
Y E D Q S X E V P I Y O P F G I M
T F A C V O G L Q A V C D J G K B
O R V R P R E W O B K X O E R R A
T L L T T D Z E Y V E L O C E K A
A W A W G B D W S M I V V F N R T
U L X E W Y E X H I I J I G A C F
K N H Y R P V A H R R B N Y D E E
S G Y K S B Q O T Y Z F D C I G X
F E O T R Q M A I N T V E Q A R M
I M T O F E S R A V I J P G N P C
B R Y I D Z O X G V G Z E A P R O
X O C R O K W D E A R N N L O I I
J R H T A R F V O V Z L D F W D N
D K E A K P O J L F B N E B E E A
T G R P J L C B Y S G K N T R L R
F I I D L N H Z F K G F C R U L C
A E T D M Q N U W M M Y E D L X T
L V A N T H E M T U T T U D Z J K
Y A G O U I C Q M S K I X L F G J
R R E C O U R A G E J N A W S T C
A B G M A B E R B W M U X Z J J Y

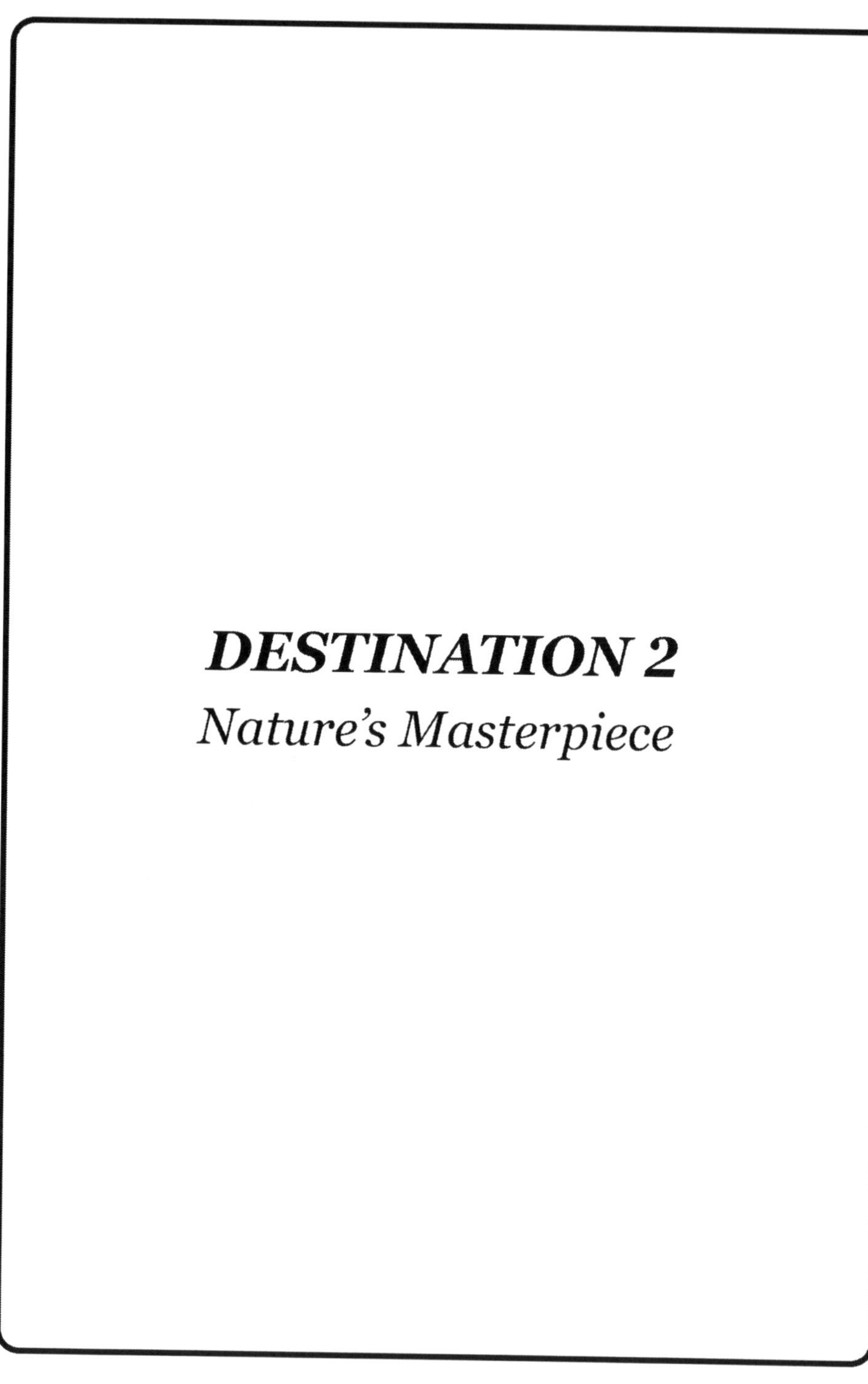

DESTINATION 2

Nature's Masterpiece

Grenada is a canvas painted by nature herself — lush, wild, and deeply alive. From the soft white sands of Grand Anse Beach, named among the world's best beaches, to the crystal waters of Paradise Beach, this tri-island state offers breathtaking landscapes that continue to awe both locals and visitors.

But Grenada's beauty runs deeper than the shoreline. Cool rivers and majestic waterfalls carve through rainforests. Mountain peaks offer sweeping views and quiet moments. Colourful birds, flowering trees, tropical blooms, and marine life all add to the island's rich biodiversity — making it not just a destination, but a living paradise.

As we explore these natural wonders through the puzzles ahead, we're also reminded of the importance of preserving what makes our island unique — protecting our plants, wildlife, and ecosystems for future generations.

Grenada isn't just beautiful. It's a masterpiece. One that was given to us — and one that we must care for, together.

PUZZLE 4

BREATHTAKING BEACHES

- ☐ ARTIST BAY
- ☐ BATHWAY
- ☐ BLACK BAY
- ☐ BREAKWATER
- ☐ CROCHU
- ☐ GRAND ANSE
- ☐ GROOMS
- ☐ HOPE
- ☐ IRVIN'S BAY
- ☐ LANCE AUX ÉPINES
- ☐ LA SAGESSE
- ☐ LEVERA
- ☐ MAGAZINE
- ☐ MORNE ROUGE
- ☐ PARADISE
- ☐ PETIT BACAYE
- ☐ PINK GIN
- ☐ TAMARIND BAY
- ☐ TELESCOPE
- ☐ WINDWARD

PUZZLE 4

X Q W I N D W A R D S K B U Z X I
O I E N I Z A G A M G B Z L U T O
L A S A G E S S E X X L E V E R A
D G E K E Y A C A B T I T E P C S
Q C B M G Q A O R K J W R H C O N
U G D F L N P F N G R S R Q B W B
L W C U X M B D H O B D Q O U V D
R E Q D N Z Z H X U H C O R C A J
T S M O O R G C U R Q K L V I E G
B L A N C E A U X É P I N E S P I
L E N F B U A T K M J A Q B Z O G
A Y P R R B B R O Y H O A F I C Z
C D A O Z G U R T I J T Q P T S L
K R N B H Q N J I I H U A S W E J
B M Y R D E X R S W S R E I E L W
A O K I R N V G A B A T Q X Q E Q
Y H D O I I I Y N D G D B V E T L
M Z U O N U V R I I U G T A I W H
H G Y S U J V S A K G S X S Y V O
E T B B D L E D B M C K M D L B A
J A E M J U L A V M A X N I O S N
Y I E S N A D N A R G T R I K C S
A W I R E T A W K A E R B G P R W

PUZZLE 5

COOL, CALM & CASCADING

WATERFALLS
- ☐ ADELPHI
- ☐ ANNANDALE
- ☐ AU COIN
- ☐ BAILEYS
- ☐ CONCORD
- ☐ FONTAINEBLEAU
- ☐ GOLDEN
- ☐ HONEYMOON
- ☐ MOUNT CARMEL
- ☐ PARACLETE
- ☐ RAINBOW
- ☐ SEVEN SISTERS
- ☐ ST. MARGARET
- ☐ TUFTON HALL
- ☐ VICTORIA

LAKES
- ☐ GRAND ETANG
- ☐ LAKE ANTOINE
- ☐ LEVERA

RIVERS
- ☐ BALTHAZAR
- ☐ PARADISE

PUZZLE 5

X	K	J	B	V	B	H	E	S	I	D	A	R	A	P	J	A
V	P	A	R	A	C	L	E	T	E	V	J	T	L	X	H	V
F	W	T	E	R	A	G	R	A	M	T	S	X	C	U	U	F
S	E	V	E	N	S	I	S	T	E	R	S	X	R	N	Z	V
T	Z	V	O	V	O	S	Y	Q	Q	L	E	V	E	R	A	G
S	Z	V	L	A	U	C	O	I	N	M	S	S	H	F	O	J
H	H	C	R	A	G	N	A	T	E	D	N	A	R	G	J	O
P	K	O	O	O	K	R	A	M	X	G	O	L	D	E	N	N
C	T	P	N	N	M	E	E	Z	A	H	E	C	C	C	G	A
W	A	U	A	E	C	P	A	F	C	I	H	P	L	E	D	A
R	N	P	U	M	Y	O	W	N	X	U	P	O	T	C	V	K
G	N	H	A	O	W	M	R	X	T	U	I	I	I	W	E	B
U	A	K	E	M	E	Y	O	D	O	O	N	S	Y	L	Q	V
H	N	G	L	H	O	W	X	O	T	W	I	X	O	L	V	L
R	D	N	B	M	S	U	N	L	N	M	I	N	N	A	I	X
A	A	K	E	V	U	W	N	K	W	A	Q	V	E	H	C	R
Z	L	S	N	M	V	T	W	T	V	U	T	E	S	N	T	G
A	E	Y	I	F	K	H	K	B	C	Y	Z	J	N	O	O	S
H	H	E	A	D	J	L	G	Z	X	A	E	I	M	T	R	G
T	G	L	T	F	T	B	K	E	U	N	R	P	W	F	I	V
L	S	I	N	S	A	U	P	V	W	D	T	M	F	U	A	L
A	P	A	O	B	W	O	B	N	I	A	R	C	E	T	J	K
B	G	B	F	N	V	R	F	K	U	X	R	H	L	L	E	X

PUZZLE 6

SERENE SLOPES & SCENIC SUMMITS

- ☐ CHAPEAU CARRÉ
- ☐ COUBLAL
- ☐ FEDON'S CAMP
- ☐ GRAND ETANG
- ☐ GRU-GRU BAILEY
- ☐ MT. AIRY
- ☐ MT. D'OR
- ☐ MT. GRANBY
- ☐ MT. LEBANON
- ☐ MT. MAITLAND
- ☐ MT. MELVILLE
- ☐ MT. MORITZ
- ☐ MT. NELSON
- ☐ MT. QUA QUA
- ☐ MT. REUIL
- ☐ MT. RODNEY
- ☐ MT. SINAI
- ☐ MT. ST. CATHERINE
- ☐ MT. ST. LOUIS
- ☐ PITON

PUZZLE 6

Z	T	I	R	O	M	T	M	K	G	O	P	Q	W	B	N	U
H	A	I	Y	E	L	I	A	B	U	R	G	U	R	G	H	A
P	U	A	S	F	W	H	H	Z	E	I	J	X	R	V	O	V
O	C	N	F	F	E	G	W	A	B	W	X	D	X	C	D	M
X	Z	I	Q	V	Q	D	G	T	G	Q	H	L	R	H	T	L
P	K	S	E	J	O	J	O	L	F	U	W	I	Z	M	Q	Q
Z	J	T	B	V	L	U	P	N	Y	Z	P	D	E	M	C	V
E	C	M	S	I	U	O	L	T	S	T	M	L	L	T	H	Z
M	C	H	U	H	U	M	B	J	F	C	V	R	T	G	F	T
J	T	A	A	B	A	E	T	P	B	I	A	Q	X	R	N	M
M	U	S	U	P	R	B	N	A	L	X	Q	M	Y	A	O	T
B	M	G	T	Q	E	S	Y	L	I	Q	E	S	P	N	N	Z
P	E	T	N	C	A	A	E	K	A	R	U	Z	L	B	A	J
V	L	T	R	A	A	U	U	P	Y	K	Y	M	N	Y	B	W
I	A	F	S	O	T	T	Q	C	Q	R	W	T	O	L	E	C
A	L	C	K	Y	D	E	H	T	A	W	O	D	T	I	L	P
C	B	A	M	P	M	N	D	E	M	R	V	O	I	U	T	Q
M	U	M	Q	N	Y	O	E	N	R	D	R	R	P	E	M	A
X	O	A	A	R	G	U	J	Y	A	I	U	É	J	R	T	P
G	C	B	L	C	O	F	U	O	W	R	N	A	Z	T	U	T
Y	J	Y	A	E	J	H	Q	F	W	M	G	E	Z	M	R	V
U	U	L	A	A	L	D	N	A	L	T	I	A	M	T	M	F
R	N	H	B	H	G	S	Z	B	N	O	S	L	E	N	T	M

PUZZLE 7

FEATHERS OF THE ISLE

- ☐ BANANAQUIT
- ☐ BARN OWL
- ☐ BULLFINCH
- ☐ CATTLE EGRET
- ☐ DUCK
- ☐ FLYCATCHER
- ☐ FRUIT BAT
- ☐ GRASSQUIT
- ☐ GRENADA DOVE
- ☐ GROUND DOVE
- ☐ HAWK
- ☐ HUMMINGBIRD
- ☐ KINGBIRD
- ☐ KITE
- ☐ MOCKINGBIRD
- ☐ PARROT
- ☐ SEAGULL
- ☐ TANAGER
- ☐ THRUSH
- ☐ WREN

PUZZLE 7

F	Y	Y	B	L	C	X	V	N	O	J	Y	M	K	B	K	W
G	K	U	L	R	L	A	T	A	G	H	N	R	M	E	D	B
S	X	Z	B	N	X	G	I	H	G	L	L	I	C	U	F	A
D	G	Y	A	F	F	F	R	R	H	S	O	Q	C	C	U	N
H	Z	K	R	L	O	B	C	E	P	D	A	K	A	O	T	A
S	W	Z	N	T	I	L	R	D	N	M	J	T	Q	U	P	N
A	E	S	O	W	V	F	R	E	O	A	T	A	H	L	I	A
I	E	V	W	D	H	I	T	C	G	L	D	S	G	U	V	Q
T	F	I	L	R	B	S	K	F	E	A	B	A	Q	P	T	U
O	A	C	S	G	O	I	R	E	G	M	N	H	D	R	V	I
R	C	W	N	Y	N	U	G	R	H	R	N	A	D	O	U	T
R	C	I	F	G	I	R	O	A	T	Q	L	O	T	D	V	P
A	K	O	B	T	E	U	W	E	O	Q	U	T	O	G	P	E
P	F	I	B	T	N	K	N	H	C	N	I	F	L	L	U	B
D	R	A	K	D	P	C	N	X	C	M	Y	R	J	G	X	H
D	T	C	D	C	K	Z	N	Z	S	U	B	B	Z	B	O	D
S	U	O	T	L	L	U	G	A	E	S	O	L	M	X	I	I
L	V	I	B	F	L	Y	C	A	T	C	H	E	R	M	C	P
E	W	K	S	R	P	M	A	T	O	Z	L	E	T	I	K	D
A	G	H	K	H	U	M	M	I	N	G	B	I	R	D	B	A
O	J	O	Y	W	C	Y	O	T	I	U	Q	S	S	A	R	G
B	A	D	B	S	G	H	Q	V	B	T	H	R	U	S	H	L
T	F	Q	X	N	E	R	W	Q	Z	P	L	Z	E	I	G	T

PUZZLE 8

BENEATH THE BLUE

- ☐ BARRACUDA
- ☐ BIANCA C
- ☐ CORAL
- ☐ DRIFTWOOD
- ☐ JACKS
- ☐ KICK 'EM JENNY
- ☐ LAMBI
- ☐ LIMESTONE
- ☐ LIONFISH
- ☐ LOBSTER
- ☐ SARGASSUM
- ☐ SCULPTURE PARK
- ☐ SEA CRAB
- ☐ SEA GLASS
- ☐ SEA SHELLS
- ☐ SEA SPONGE
- ☐ SNAPPER
- ☐ STARFISH
- ☐ STINGRAY
- ☐ TURTLE

PUZZLE 8

H	N	N	O	Z	Y	N	N	E	J	M	E	K	C	I	K	A
G	S	D	Y	S	L	L	E	H	S	A	E	S	O	L	T	S
W	I	Q	N	M	S	S	A	L	G	A	E	S	S	J	T	J
M	I	Q	M	E	Z	F	P	V	H	E	Y	B	C	D	R	M
I	B	E	C	U	M	F	D	Q	A	K	S	K	U	S	Y	Y
D	M	S	Z	F	S	K	A	K	W	L	F	X	L	N	S	L
L	A	Y	D	W	S	S	N	M	Z	Q	I	S	P	A	T	I
G	L	E	R	L	P	C	A	A	H	K	P	J	T	P	I	C
B	C	X	Y	I	J	X	V	G	C	Z	A	C	U	P	N	J
A	X	G	U	V	Y	X	D	U	R	U	W	T	R	E	G	R
A	L	B	A	R	R	A	C	U	D	A	U	K	E	R	R	L
H	R	H	I	V	H	J	J	T	U	R	S	H	P	Z	A	O
A	F	B	A	R	C	A	E	S	T	R	Q	Y	A	V	Y	B
E	E	Y	R	G	Z	C	G	L	E	I	C	U	R	W	O	S
E	Y	G	I	X	J	K	E	K	L	D	B	K	K	U	O	T
N	L	H	N	T	P	S	J	L	X	O	Z	L	J	L	N	E
O	B	S	T	O	C	V	T	A	E	O	B	C	U	I	W	R
T	B	I	W	Z	P	K	B	W	J	W	L	A	R	O	C	K
S	V	F	Q	J	O	S	X	R	A	T	I	C	T	N	L	K
E	F	R	A	M	S	K	A	O	L	F	P	N	C	F	R	E
M	N	A	D	D	L	X	R	E	B	I	R	A	D	I	R	I
I	O	T	F	W	V	T	F	Y	S	R	W	I	G	S	W	G
L	N	S	L	F	V	N	D	N	Q	D	I	B	E	H	C	T

PUZZLE 9

WONDERS OF THE WILD

- ☐ AGOUTI
- ☐ ARMADILLO
- ☐ BANK BOA
- ☐ BLUE LAND CRAB
- ☐ CRIBO
- ☐ GREEN IGUANA
- ☐ HOUSE GECKO
- ☐ MABOUYA
- ☐ MILLIPEDE
- ☐ MONA MONKEY
- ☐ OPOSSUM
- ☐ PRAYING MANTIS
- ☐ RABBIT
- ☐ RAT
- ☐ SNAIL
- ☐ SOLDIER CRAB
- ☐ TARANTULA
- ☐ TORTOISE
- ☐ TURTLE
- ☐ ZAGADA

PUZZLE 9

P	N	V	D	W	J	K	B	P	O	C	Z	O	G	T	A	M
A	D	A	G	A	Z	Y	M	T	O	E	R	R	B	O	C	P
S	O	G	B	B	U	Y	G	U	I	U	E	T	B	O	L	N
E	D	E	P	I	L	L	I	M	F	E	V	K	L	L	O	C
E	S	W	Z	D	F	U	D	H	N	Q	N	L	C	J	Q	A
A	Z	I	E	A	X	T	E	I	D	A	I	W	T	I	R	J
G	D	N	T	H	E	R	G	L	B	D	J	O	T	S	W	W
G	U	Z	Y	N	G	U	R	G	A	L	P	U	A	S	M	A
C	H	J	R	Y	A	S	J	M	K	N	O	Y	H	X	X	C
R	R	E	W	N	J	M	R	B	O	G	D	H	U	A	W	K
I	O	S	A	E	T	A	G	P	A	Y	H	C	F	Z	A	S
B	I	I	M	Y	V	G	E	N	H	X	E	B	R	J	H	H
O	C	O	K	U	U	Q	A	O	I	T	L	L	X	A	R	N
A	A	T	U	X	S	O	U	T	R	Y	B	M	X	L	B	R
D	I	R	E	Q	A	S	B	Y	U	D	A	H	F	U	B	A
F	Z	O	M	T	E	W	O	A	F	R	G	R	O	T	L	T
F	J	T	K	G	Q	M	F	P	M	A	T	D	P	N	F	I
D	S	X	E	F	U	C	G	H	O	F	M	L	A	A	J	B
U	R	C	E	L	I	A	N	S	D	A	D	E	E	R	A	B
F	K	U	A	V	Y	T	C	G	V	O	R	A	S	A	Z	A
O	G	M	O	L	C	F	P	P	V	Y	I	M	X	T	H	R
Z	L	A	B	A	R	C	R	E	I	D	L	O	S	X	Q	Q
T	W	Y	E	L	M	O	N	A	M	O	N	K	E	Y	O	R

PUZZLE 10

POPULAR TREES

- ☐ AFRICAN TULIP
- ☐ ALMOND
- ☐ BAMBOO
- ☐ BANANA
- ☐ BOIS CANOT
- ☐ BREADFRUIT
- ☐ CALABASH
- ☐ COCOA
- ☐ COCONUT PALM
- ☐ FLAMBOYANT
- ☐ IMMORTEL
- ☐ MAHOGANY
- ☐ MANGO
- ☐ NUTMEG
- ☐ SANDBOX
- ☐ SEA GRAPES
- ☐ SILK COTTON
- ☐ TAMARIND
- ☐ WHITE CEDAR
- ☐ YELLOW POUI

PUZZLE 10

K H T Z M B G H F T J J J G G T N
Z F R A U W A X T O R Q W V H K W
C L U F I V L R Q N T M G Q I S I
Q A T F N G M E A A K Q E E F J X
O M B N F V O B N C M Z M T F R C
E B T O E T N J A S M D T H C O I
T O N T C A D Y N I I O U X C H O
X Y Z T O M D V A O X C N O V S H
T A Q O C A F R B B N D N B G A Q
W N L C O R T M A V U U B D L B S
U T E K A I D P V D T X N N P A W
O V T L S N S J J P E H F A Y L P
Q K R I J D N F A J A C Y S V A G
D M O S B V C L W P G L E H G C B
T R M E I K M B Y B B U L T B F U
Z Z M H Y D T Z O X U R L L I H F
N I I B A M B O O V Y O O U J H O
P I L U T N A C I R F A W B Y X W
B M A H O G A N Y J R H P B T L I
U W B R E A D F R U I T O O U C N
U H Q X D E E Z X H J X U U J G L
X S E P A R G A E S M F I D O A C
B O G N A M F Z G D S U U E F O C

PUZZLE 11

WATCH OUT FOR THESE!

PLANTS
- ☐ ANGEL'S TRUMPET
- ☐ DEVIL NETTLE
- ☐ JUMBIE BEAD
- ☐ JUMBIE UMBRELLA
- ☐ MANCHINEEL
- ☐ OLEANDER
- ☐ POINSETTIA
- ☐ PWAGATE
- ☐ SHAME PLANT
- ☐ ZOOTI

INSECTS & ANIMALS
- ☐ CANE TOAD
- ☐ CENTIPEDE
- ☐ FIRE ANTS
- ☐ MONGOOSE
- ☐ MOSQUITO
- ☐ SANDFLIES
- ☐ SCORPION

SEA HAZARDS
- ☐ SEA CURRENTS
- ☐ SEA EGGS

FOLKLORE
- ☐ ZOMBIE

PUZZLE 11

L	Q	S	L	R	C	S	G	F	I	D	M	G	A	I	P	W
B	T	Z	E	H	X	E	S	G	G	E	A	E	S	Q	V	A
D	N	O	E	S	K	C	N	X	Z	O	O	T	I	U	A	L
N	A	M	N	C	F	G	P	W	A	G	A	T	E	N	Q	L
M	L	B	I	O	U	F	N	M	T	Q	B	Z	G	P	T	E
S	P	I	H	R	S	E	A	C	U	R	R	E	N	T	S	R
E	E	E	C	P	C	B	V	R	O	N	L	Q	F	H	A	B
I	M	Y	N	I	T	X	K	D	Q	S	P	H	R	R	V	M
L	A	P	A	O	A	O	N	V	T	O	B	Y	E	O	C	U
F	H	G	M	N	M	J	I	R	L	U	C	D	I	A	R	E
D	S	G	B	S	K	R	U	B	B	Z	N	G	N	Y	E	I
N	J	F	G	K	E	M	T	M	X	A	C	E	N	C	D	B
A	Q	Q	P	U	P	L	Y	W	E	R	T	G	B	L	E	M
S	P	P	X	E	I	H	T	L	L	O	B	A	A	R	P	U
N	C	K	T	X	M	R	O	T	A	F	S	M	C	J	I	J
T	Q	I	O	R	B	K	V	D	E	O	V	N	E	X	T	F
L	V	V	M	V	K	U	J	E	W	N	T	C	M	S	N	Z
U	P	O	I	N	S	E	T	T	I	A	L	H	H	E	E	P
V	I	J	M	O	N	G	O	O	S	E	Q	I	V	Q	C	H
M	G	O	N	O	O	H	C	P	Y	K	Z	A	V	T	C	G
M	O	S	Q	U	I	T	O	E	V	K	Y	D	E	E	E	V
J	U	M	B	I	E	B	E	A	D	G	B	L	T	H	D	P
V	H	U	T	R	F	I	R	E	A	N	T	S	U	C	J	P

PUZZLE 12

PETALS IN PARADISE

- ☐ ANTHURIUM
- ☐ BALISIER
- ☐ BLUEBELL
- ☐ BLUE PETREA
- ☐ BOUGAINVILLEA
- ☐ BROMELIAD
- ☐ BUTTERCUP
- ☐ COCKSCOMB
- ☐ CORALITA
- ☐ CROTON
- ☐ DESERT ROSE
- ☐ FRANGIPANI
- ☐ GINGER LILY
- ☐ HIBISCUS
- ☐ IXORA
- ☐ LANTANA
- ☐ ORCHID
- ☐ POINCIANA
- ☐ ROSE
- ☐ TORCH LILY

PUZZLE 12

E	Q	H	X	D	V	X	B	L	U	E	P	E	T	R	E	A
Q	X	X	Y	X	I	P	J	W	B	K	D	M	V	R	I	H
G	L	B	L	C	X	S	E	M	B	D	X	R	B	G	F	M
C	L	Q	I	B	O	P	V	G	O	F	Q	E	O	Q	G	U
P	E	W	L	R	R	R	P	D	U	A	P	I	B	I	E	I
E	B	J	H	Y	A	P	A	D	G	Z	H	S	Z	N	N	R
X	E	Q	C	U	B	Y	F	L	A	D	W	I	E	Y	B	U
K	U	V	R	T	R	O	S	E	I	Y	U	L	B	G	M	H
M	L	M	O	M	O	F	E	U	N	T	S	A	D	I	O	T
P	B	C	T	J	M	T	R	V	V	I	A	B	S	N	C	N
O	B	C	K	Z	E	A	N	M	I	J	D	M	K	G	S	A
I	R	W	N	A	L	G	O	B	L	V	E	F	G	E	K	E
N	O	C	Q	H	I	G	T	V	L	O	S	H	J	R	C	T
C	C	G	H	U	A	C	O	V	E	X	E	V	U	L	O	D
I	M	J	D	I	D	V	R	J	A	B	R	H	S	I	C	C
A	C	U	M	K	D	R	C	L	L	E	T	P	X	L	Y	O
N	U	S	U	C	S	I	B	I	H	Q	R	L	Q	Y	W	Z
A	K	Y	Z	E	Z	Q	N	E	N	A	O	E	H	U	T	X
I	N	A	P	I	G	N	A	R	F	A	S	K	G	S	H	T
M	S	W	H	O	P	M	M	X	D	X	E	X	A	S	R	K
G	X	Q	G	K	H	O	L	W	R	E	E	N	R	F	K	C
D	E	Q	T	R	V	Y	I	P	U	C	R	E	T	T	U	B
X	I	I	N	P	M	D	I	A	N	A	T	N	A	L	T	F

PUZZLE 13

PLANT, PROTECT, PRESERVE

- ☐ ANNATTO
- ☐ CUSTARD APPLE
- ☐ DUNGS
- ☐ FAT PORK
- ☐ GINNIP
- ☐ GOVERNOR PLUM
- ☐ GRANADILLA
- ☐ GRU GRU PALM
- ☐ JACKFRUIT
- ☐ KAFFIR LIME
- ☐ JAVA PLUM
- ☐ MAMMEE APPLE
- ☐ PLUM ROSE
- ☐ POIS DOUX
- ☐ SAPOTE
- ☐ SEA GRAPES
- ☐ STAR APPLE
- ☐ STINKING TOE
- ☐ TJÈ BÉF
- ☐ WATER LEMON

PUZZLE 13

E Z L S G N U D V E M J U W S H Y
Q O I M U L P A V A J G Y X Q Z E
V A T E R Z W A T E R L E M O N M
H J E G M N U J N D J W G T W Y I
T A L S N M P O I S D O U X W F L
N C P K G I E Q G I Q P G Z G V R
P K P R R Z K S P N H G R O Z T I
V F A O A S S N C X S G V X Y G F
Q R E P N G A Y I B W E G F P G F
W U E T A K I P V T R U D L I R A
N I M A D G Z T O N S T S P E U K
P T M F I O I W O T W J L L B G C
X Q A K L Y H R U M E U P H P R B
T A M U L D P Y M Y M P H I R U N
H G N O A L J C M R A S N F Q P F
H J S N U O W A O D C N É R O A T
N W S M A E X S R I I B C F X L R
Y I O E Z T E A Z G È J E G G M X
H A K P K Q T E C J C J W B Z P M
O H J G Y S T O T E P D E N I Z P
H W O E U L E L P P A R A T S F W
L A W C O S E P A R G A E S C F D
Z F G K P C P H H F C D M E N P I

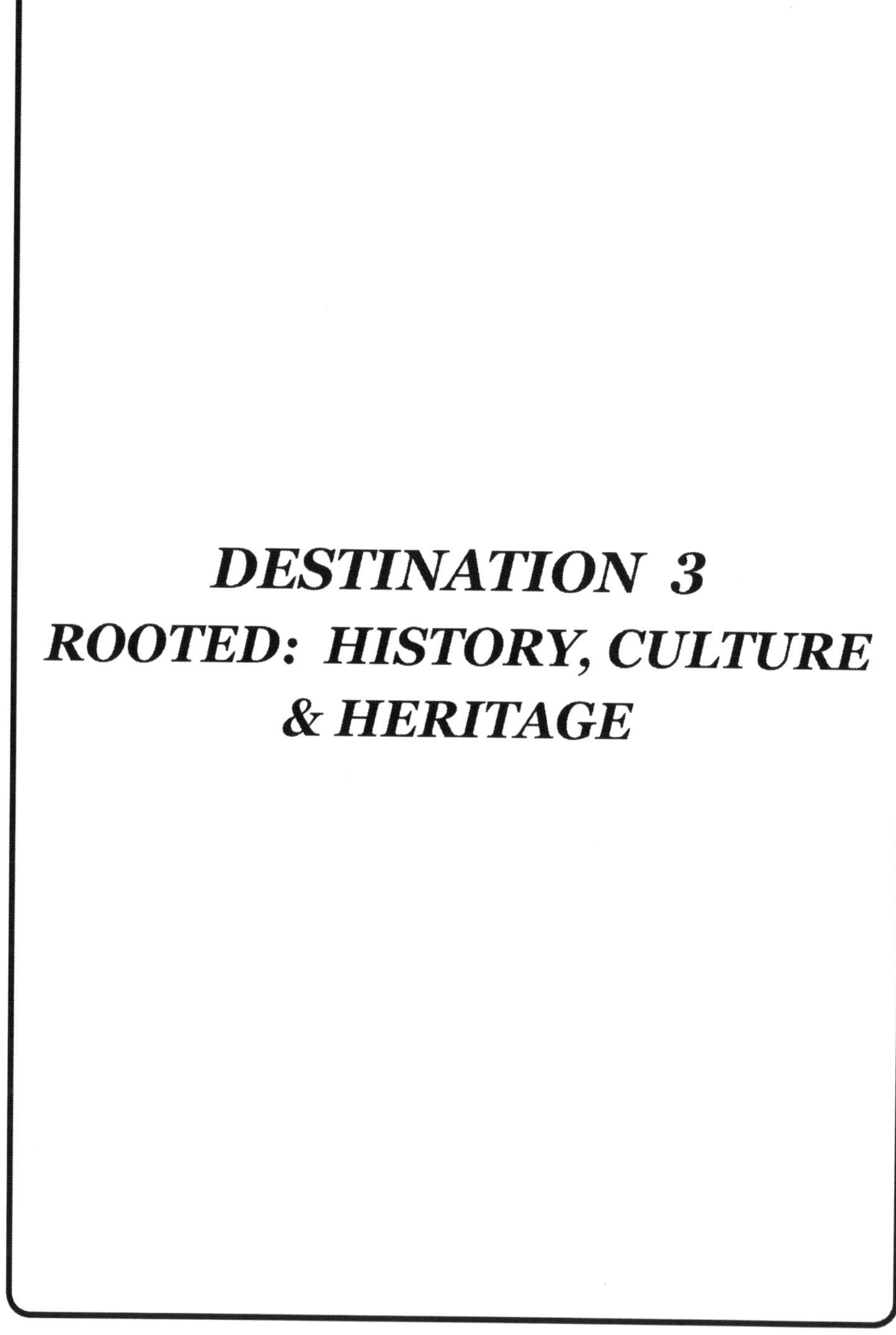

DESTINATION 3

ROOTED: HISTORY, CULTURE & HERITAGE

Grenada's culture is vibrant, colourful, and deeply rooted in centuries of movement, survival, and creativity. It began with the Arawak and the Kalinago who lived in harmony with the land and sea. Their presence was later interrupted by colonization, which brought the trauma of enslavement and indentureship of African and Indian people respectively. The British, French, and Scottish also left their marks — seen in our architecture, surnames, religion, language, and governance.

Though the history is painful, it gave rise to a powerful cultural identity — one born from resistance, shaped by memory, and carried forward with pride. Today, echoes of this past still live in our patois — words and phrases passed down through generations, rich with meaning, melody, and everyday wisdom. Though no longer widely spoken, it remains alive in our speech, and preserving it keeps us connected to our roots and our regional family across the Caribbean.

This section celebrates that journey. Through dialects, folklore, surnames, spiritual practices, myths, and traditions, we explore the pieces that make us who we are. Grenadians are storytellers, creators, thinkers, and believers — a people shaped by many, yet distinctly our own.

We do not glorify the past, but we honour it — with honesty, reverence, and strength. We are rooted in legacy, flourishing in creativity, and rising with purpose. This is our history — and we're still writing it.

PUZZLE 14

DIALECT - PART 1

- ☐ BACCHANAL
- ☐ BASODI
- ☐ BEH-BEH
- ☐ BRAMBLE
- ☐ BRANGO
- ☐ BUBUL
- ☐ CHUPIDNESS
- ☐ COMMESSE
- ☐ COMPE
- ☐ CUNUMUNU
- ☐ DAN-DAN
- ☐ DROGUE
- ☐ DWIVE
- ☐ GALAY
- ☐ GOAT MOUTH
- ☐ HEFE
- ☐ HOTOTO
- ☐ IDREN
- ☐ JOUPA
- ☐ TAYLAYLEE

PUZZLE 14

A Z U I W H E B H E B R X L B K L
E B R K X D E K E L X K E A P Q C
I Q U M R H L R O P I W E N C N O
J K N O Q A T Q R E M K R A N K M
E F G C Y N T U F Z R O I H N U M
U U W I S E G E O J D Z C C V C E
E S H O F N H B W M E Q P C F V S
L T V O S H V C N E T L G A D K S
A P U O J S Q E L P U A T B Q Y E
A H C L F Z E Y A B A F O H S N I
M C N T B H A N U L O O G G O S O
I H G Q U L D B D I M A N I L L H
D W M F Y J U X X I L U G F K O Y
R K Q A S E Y Y Z A P N N J S A I
E R T M H K V R Y H Q U B D M N I
N Z W X B H N I L Q Q M H E H O L
F P T L A O A N W V H U V C U V O
B O Q V S T D E C D I N Y Q X G K
M Y V T O O N H E V F U M F R L M
Z K K O D T A A X Q Q C L Q X Q V
H R M P I O D L N K W S T Y F Z Y
R N O Q W J L G O Y G Z C I L C F
E L B M A R B O D I J B R A N G O

PUZZLE 15

DIALECT - PART 2

- ☐ KOOBLAY
- ☐ KRAPO
- ☐ KUSUMERE
- ☐ KUTTA
- ☐ LACAS
- ☐ MACOUCOU
- ☐ MAGA
- ☐ MALJEAUX
- ☐ MAMAGUY
- ☐ MAROON
- ☐ MASANTO
- ☐ MINGIE
- ☐ OBSERKEY
- ☐ PANQUAI
- ☐ PESH
- ☐ PETIT FAIRE
- ☐ PICONG
- ☐ PLANASSE
- ☐ PU-AH-EAR
- ☐ PUNKASAL

PUZZLE 15

Y I Z V P M X K P M A R O O N Z Q
E I Y E U K B V C H Q Y H N X M K
I A X U M P U H Y U P I C O N G P
C U N O Q A P S L I E X J G J G E
V Q Q C O E M E U S W N K C H U T
Z N B U A V T A S M G R Z B U I I
Y A J O M Y A A G O E N A J G Q T
Q P N C L V N S C U S R N K Y M F
H S X A C A I Z N Y Y S E T L J A
I F E M L S O U I W H X C A W L I
T U K P Z T U H M O S H S W V Y R
O S D M N Y R U F L S A P V I B E
Y Y K A M L A V M E K E Q P N K F
A T S T B R E Y P N M I N G I E I
I A I T H M H T U B X W H A E Q U
M E U U J Z A P I X X U E D O L S
J K R K R J U G W J W M L D S X Z
R R A U Y D P A A T L J M H H O D
K A P U E C Q M W S A C A L Z C U
R P U U Y E K R E S B O R B H T R
I O Q S H T B N N O V N J E I V C
I A G X U A E J L A M X B W S Q S
U H Q X Y E E P J E Y A L B O O K

PUZZLE 16

DIALECT PART 3

- ☐ BOOCHET
- ☐ COUCOUTE
- ☐ DROGUE
- ☐ DUDDOY
- ☐ FETE
- ☐ GALAVANT
- ☐ JAMET
- ☐ JOOK
- ☐ KOKOBAY
- ☐ LASH
- ☐ LIME
- ☐ MACO
- ☐ MOOMOO
- ☐ NYAM
- ☐ RENK
- ☐ SOONGOO
- ☐ TABANCA
- ☐ TOOTOOLBAY
- ☐ TRAVO
- ☐ ZAFFAIR

PUZZLE 16

T J F N F U H X Y D D G S E E T I
Q U Z K C Z G M U H M V E K T T T
T E M B J S Z D T H J T L O E F C
M O O M V O D C A A U N E H Z R R
A B O F D O D C W O K E C L Y M A
O X M T Y Z N L C Y E O Q K A K Y
R J O B O A E U D O O N L C I S W
M Z O D B O O Z K B J P O M L C H
Y Q A A L C L H M A Y N R F F Q M
P N T C Z T E B B M M B O J E R S
N N F Z M V T X A W H H O A T O R
X C J O O K R M N Y J V G M E I E
E N O D Z A I S F O I P N E X P N
M K M J F X A J Y U W O O T W X K
W V H U Y W F F X P T Y O I J L J
P S N D A W F Z U L N X S N V F R
Z L E Y U B A U Z A A V R K P I S
L I M E A O Z O I C V A K R Y D T
O Z E S O B C B D S A N O D R Y T
T R A V O B O V S U L F W O R X E
X B G X R I O K D J A Z G E J W G
P K W Q M H R W O U G U S U C D T
W F D I L Y E D O K E P E B I H K

PUZZLE 17

DIALECT: FROM FOREIGN TO YARD

- ☐ BIG UP
- ☐ BIGLY
- ☐ BOSS MOVE
- ☐ BRUH
- ☐ CHECK YOU LATER
- ☐ COPACETIC
- ☐ CREEP
- ☐ CRINGE
- ☐ DRAMA
- ☐ FLEX
- ☐ GHOST
- ☐ HUSTLE
- ☐ LINK UP
- ☐ LIT
- ☐ LOW-KEY
- ☐ SAVAGE
- ☐ SLIDE IN
- ☐ SWEET MAN
- ☐ VIBES
- ☐ WE OUTSIDE

PUZZLE 17

Y	L	I	N	K	U	P	K	L	V	D	X	N	B	I	Q	A
F	C	J	H	U	S	T	L	E	V	A	M	V	C	P	J	M
M	K	E	Q	X	S	C	R	H	U	G	Z	B	P	T	G	A
V	N	E	R	N	Y	V	D	Y	F	H	K	A	E	X	A	R
G	P	H	I	P	S	E	B	I	V	O	H	V	E	L	N	D
Q	N	A	M	T	E	E	W	S	V	S	B	E	R	I	Z	C
Q	D	H	S	G	U	S	I	H	L	T	E	Q	C	T	R	Y
C	C	H	E	C	K	Y	O	U	L	A	T	E	R	I	E	L
B	W	I	O	H	B	F	F	Z	B	S	H	O	N	C	U	N
X	E	X	F	Q	R	N	L	N	Y	Q	D	G	E	M	B	K
I	D	V	K	L	G	H	T	O	W	P	E	B	O	J	N	F
E	X	T	B	J	F	U	S	E	L	L	V	H	D	I	L	I
B	E	Q	E	C	L	Q	V	B	K	Y	C	K	E	E	D	C
S	S	D	O	H	I	O	U	R	B	P	Z	D	X	K	J	V
D	W	H	I	B	M	T	D	U	C	I	I	M	A	Z	F	X
W	D	G	W	S	K	R	E	H	T	L	G	P	N	V	O	U
M	Y	S	S	Y	T	J	Y	C	S	T	G	U	G	D	J	T
W	A	O	N	U	N	U	A	C	A	D	V	K	P	F	B	P
K	B	C	M	G	J	T	O	W	R	P	F	O	S	T	B	U
B	T	G	Q	O	O	J	A	E	V	I	O	V	Y	B	G	V
G	P	Q	M	Q	A	Y	R	B	W	Y	L	C	X	I	X	M
F	K	N	N	B	G	H	P	B	C	E	L	O	W	K	E	Y
Y	E	E	G	A	V	A	S	P	I	L	B	I	G	L	Y	P

PUZZLE 18

DIALECT: PATOIS IN LA GWINAD

- ☐ BOUCHIRI
- ☐ DJANMÉT
- ☐ EH FWÈT
- ☐ FIG TAKTÉ OUI
- ☐ JOOKOOTOO
- ☐ KAKA-BAWEH
- ☐ KAKA-JÉ'W
- ☐ KOMMAN OU YÉ
- ☐ KONSONMEN
- ☐ OU KA SALOP
- ☐ OUVLEH?
- ☐ PALAY PATOIS
- ☐ SA KA FÈT?
- ☐ TÉTÉ
- ☐ TIWEH LION TIWEH
- ☐ TOOT BAGAY
- ☐ TOUT MOUN
- ☐ ZEB A FAM
- ☐ ZÒT KA TANN
- ☐ ZÒT KA VINI, ZÒT KÉ WÈ

PUZZLE 18

H	U	S	S	F	A	K	B	A	L	R	É	J	V	M	S	L
Q	E	D	A	V	F	O	R	Q	G	Y	V	W	V	Z	B	V
C	N	W	D	F	U	A	W	M	U	P	T	D	Ò	M	C	Q
H	A	M	I	C	I	Q	I	O	A	U	H	T	T	J	U	V
F	O	G	H	T	U	G	N	M	H	F	K	P	K	N	F	F
L	G	I	K	A	N	A	T	H	D	A	A	O	P	O	B	Z
Z	R	P	O	J	M	O	B	A	T	L	A	B	U	D	Ò	M
I	E	Z	J	M	A	W	I	A	K	K	S	K	E	T	X	O
N	K	U	O	P	B	G	N	L	R	T	A	J	K	Z	M	S
E	Y	K	V	J	P	N	N	S	H	S	É	A	R	P	K	Q
M	D	C	J	P	A	O	D	U	A	E	V	O	N	Y	A	T
N	J	N	T	A	L	J	X	L	O	I	W	D	U	Q	K	È
O	A	W	D	C	A	K	O	Y	N	M	U	I	W	I	A	W
S	N	É	R	M	Y	P	O	I	A	Q	T	T	T	M	B	F
N	M	J	F	F	P	S	Z	R	Q	G	O	U	M	W	A	H
O	É	A	E	P	A	Ò	X	S	W	H	A	C	O	E	W	E
K	T	K	Q	W	T	È	F	A	K	A	S	B	E	T	E	C
T	T	A	M	K	O	U	V	L	E	H	X	V	T	L	H	E
Y	K	K	É	G	I	B	B	G	A	L	Y	S	V	O	K	E
X	U	W	M	C	S	O	P	X	N	R	M	A	R	K	O	D
T	È	J	W	T	L	E	S	E	P	F	T	L	I	T	Q	T
J	Y	P	O	O	T	O	O	K	O	O	J	H	J	A	F	Z
W	F	F	C	P	M	V	É	T	É	T	U	R	A	I	J	R

PUZZLE 19

MAS, MUSIC, & MOVEMENT

- ☐ APACHE
- ☐ BÈLÈ
- ☐ BIG DRUM
- ☐ BONGO
- ☐ CALYPSO
- ☐ CHUTNEY
- ☐ HEEL AND TOE
- ☐ JAB JAB
- ☐ KALENDA
- ☐ MAYPOLE
- ☐ MOKO-JUMBIE
- ☐ PARANG
- ☐ QUADRILLE
- ☐ REGGAE
- ☐ SAILORS
- ☐ SHAKESPEARE
- ☐ SHANGO
- ☐ SOCA
- ☐ STRING BANDS
- ☐ VEKO

PUZZLE 19

Y	U	C	R	E	B	N	R	Y	P	G	E	L	V	J	A	J
O	E	Z	J	A	B	J	A	B	D	Q	M	A	M	D	E	S
G	P	P	S	O	E	W	D	C	L	U	G	J	G	L	K	S
N	C	G	O	T	O	L	P	R	M	J	V	M	O	G	D	Z
A	X	A	O	V	R	C	L	X	E	E	F	P	E	N	E	W
H	Q	A	L	O	G	I	T	I	K	H	Y	D	T	V	E	R
S	U	T	N	Y	R	B	N	O	R	A	C	B	D	L	O	K
B	J	S	H	T	P	U	Y	G	M	D	F	A	R	M	T	P
U	Q	Y	P	S	L	S	Z	W	B	B	A	U	P	Y	D	G
N	L	V	I	X	Z	X	O	H	D	A	T	U	E	A	N	B
O	C	X	I	Q	D	G	C	L	B	T	N	N	Q	C	A	O
G	W	J	Z	F	G	È	L	È	B	C	T	D	M	Z	L	N
N	C	S	R	O	L	I	A	S	D	U	S	U	S	N	E	G
A	M	V	U	Q	M	A	T	G	H	H	R	O	Z	O	E	O
R	K	O	G	O	X	A	P	C	A	D	O	L	S	J	H	V
A	U	A	K	K	F	X	O	K	G	A	D	N	E	L	A	K
P	T	G	F	O	P	S	E	I	V	G	D	M	D	A	M	Z
U	Y	H	P	Z	J	S	B	I	H	K	U	Z	X	C	V	S
K	N	O	Y	A	P	U	W	H	M	K	O	V	C	O	W	R
B	I	G	H	E	F	V	M	N	U	Z	E	Z	O	S	R	P
J	N	X	A	Y	B	U	F	B	Z	P	P	D	L	D	G	U
A	A	R	H	Y	T	O	B	H	I	V	T	F	C	I	E	W
V	E	Z	W	T	V	P	L	Z	B	E	R	S	B	O	M	F

PUZZLE 20

FOLKLORE AND MYTH

- ☐ ANANSI
- ☐ BACCOO
- ☐ BUSH BATH
- ☐ DEALER MAN
- ☐ D'LAWERENCE
- ☐ DWENN
- ☐ JAB MOLASSIE
- ☐ JUMBIE BEADS
- ☐ LA DIABLESSE
- ☐ LIGAROO
- ☐ MALJOE
- ☐ MAMA GLO
- ☐ MAMA-MALADIE
- ☐ MERMAID
- ☐ MOCO JUMBIE
- ☐ OBEAH
- ☐ PASSHAND
- ☐ POSSESSION
- ☐ SUKUYANT
- ☐ TIM TIM BWA SE

PUZZLE 20

J	I	Q	V	G	R	G	Z	D	D	F	N	F	S	Z	R	C
Q	V	L	A	C	G	B	G	L	T	I	K	Q	N	U	K	V
M	P	N	F	S	W	S	U	K	U	Y	A	N	T	E	D	A
Z	A	N	J	D	P	T	D	V	Z	N	E	M	M	F	E	L
Z	S	E	P	A	O	E	I	G	R	R	N	A	R	Q	A	I
M	S	W	U	E	J	E	M	M	B	Y	M	I	J	E	Z	G
O	H	D	O	B	A	W	Y	S	T	A	C	L	K	O	M	A
C	A	W	E	E	B	R	W	U	G	I	W	O	K	T	E	R
O	N	L	D	I	M	S	Z	L	F	F	M	L	Z	S	H	O
J	D	D	L	B	O	R	O	E	A	S	B	B	S	P	I	O
U	P	E	B	M	L	M	N	R	M	D	W	E	W	G	X	E
M	H	A	A	U	A	T	V	K	U	E	L	P	Q	A	C	A
B	I	L	C	J	S	H	W	S	I	B	H	O	N	C	S	Q
I	S	E	C	O	S	I	T	D	A	T	V	B	O	A	B	E
E	M	R	O	R	I	E	A	I	X	V	U	K	I	N	X	C
U	P	M	O	Q	E	L	D	E	J	S	D	O	S	A	L	E
C	N	A	P	I	A	A	F	C	H	Y	B	F	S	N	Q	A
M	W	N	Q	M	L	A	L	B	G	K	L	P	E	S	K	M
P	V	K	A	L	Q	T	A	D	W	I	C	X	S	I	C	H
B	R	M	J	M	O	T	N	C	U	B	E	W	S	V	F	H
Q	A	N	S	V	H	L	N	B	M	A	L	J	O	E	G	F
M	E	D	D	L	A	W	E	R	E	N	C	E	P	E	K	L
D	Q	E	S	B	W	A	Q	D	O	B	E	A	H	L	W	S

PUZZLE 21

RELIGIONS & SPIRITUAL FOLK PRACTICES

- ☐ ADVENTIST
- ☐ ANGLICAN
- ☐ BAPTIST
- ☐ BUDDHISM
- ☐ CHRISTIAN SCIENCE
- ☐ CHURCH OF GOD
- ☐ EVANGELICAL
- ☐ HINDUISM
- ☐ ISLAM
- ☐ JEHOVAH'S WITNESSES
- ☐ JUDAISM
- ☐ LUTHERAN
- ☐ METHODIST
- ☐ MORMANS
- ☐ OBEAH
- ☐ PENTECOSTAL
- ☐ PRESBYTERIAN
- ☐ RASTAFARIANISM
- ☐ ROMAN CATHOLIC
- ☐ SPIRITUAL BAPTIST

PUZZLE 21

K M D L U T H E R A N C E S C M N
J D O G F O H C R U H C V J X E S
U F R I T R S W Q E T N A O V L C
W T A D S R F Y U C J V N N C E W
N F S U I D V T Q N E E G N G G H
A B T N T L G Y V E H P E O G R A
I P A A P T H M F I O S L N I Q E
R X F C A S W D B C V N I K Y Q B
E R A I B I T C V S A A C J K B O
T O R L D T M J M N H M A N J P W
Y M I G Y P Y T S A S R L S C H T
B A A N U A E W I I W O H M O J S
S N N A Z B L G H T I M K M Q G I
E C I L M L A K D S T G P F M M T
R A S L S A T F D I N Z Z N P Q N
P T M F I U S D U R E I R Q I B E
V H G W A T O L B H S R J W S A V
G O J C D I C R A C S U F B L J D
O L K C U R E J W I E M D K A C A
A I L U J I T O S E S N Y F M F P
Q C E H D P N L H I N D U I S M X
X J J D X S E T S I D O H T E M M
N N O E Q S P Z W C C K M K Z N W

PUZZLE 22

BUILT HERITAGE & ARTIFACTS

- ☐ AJOUPA
- ☐ AQUEDUCTS
- ☐ BELLS
- ☐ BOUCAN
- ☐ CANNONS
- ☐ CEMETERIES
- ☐ COPPER POTS
- ☐ FISH SCALE TILES
- ☐ FORTS
- ☐ GREATHOUSE
- ☐ JANET HOUSE
- ☐ LIMEKILN
- ☐ PETROGLYPHS
- ☐ RUM DISTILLERY
- ☐ SUGAR MILLS
- ☐ WATER PONDS
- ☐ WATERWHEEL
- ☐ WELLS
- ☐ WHETSTONE
- ☐ WINDMILLS

PUZZLE 22

A F C L W H S G C N I O S L A P S
X Z W E W H T C F B L Y I K L F G
E E L I C L O O R G L R M L B M N
X L S O E Y P E J E V E A Z V A G
S D N M M L R G Q H G L W N M X Q
G U G D E N E C H Q B L A E Z D N
I S G D T P P K B X O I J S C Y B
M C E A E A P A N B U T O N C X M
P E M L R T O R F N C S U O E A B
S N S P I M C I H X A I P N S Q N
M O H D E T I W C F N D A N U Z Z
J T A E S S E L C B D M N A O I W
Z S D P T U T L L E M U D C H X I
F T B O R Y O C A S A R Q S T M N
W E R M O X S F U C M C J H A W D
D H H G F W M R D D S C A N E V M
A W Y P R M I Z Y Y E H H M R C I
B E L L S V N R J F T U S Z G X L
P D J A N E T H O U S E Q I Z X L
S P W N L I K E M I L E H A F W S
O K W A T E R P O N D S P R E I V
B O S F F K P E T R O G L Y P H S
R G D V O H J W A T E R W H E E L

PUZZLE 23

HISTORIC PLANTATIONS IN GRENADA

- ☐ BEAUSEJOUR
- ☐ BELMONT
- ☐ BELVIDERE
- ☐ BOULOGNE
- ☐ CRAYFISH BAY
- ☐ DIAMOND
- ☐ DOUGLASTON
- ☐ DUNFERMLINE
- ☐ HERMITAGE
- ☐ HOPE
- ☐ LESTERRE
- ☐ LETAGE
- ☐ MORNE FENDUE
- ☐ MT. HORNE
- ☐ PLAINS
- ☐ PLAISANCE
- ☐ RIVER ANTOINE
- ☐ SAMARITAIN
- ☐ WALTHUM
- ☐ WESTERHALL

PUZZLE 23

Z S H M R O O E N G O L U O B G B
G P M A I J E K Z B N S S C B E T
U Z U T V W R U F O N E T T A Z I
B C H M E L E Q D N Q U E U U E U
J R E K R L D K P N X E S A C K V
N A R S A A I M J R E E P V E Z T
L Y M F N H V Z G F J F T O D S E
D F I T T R L M L O Z I E E H N S
C I T Q O E E P U E E S C N I J J
T S A N I T B R F K T N U L R N Z
E H G I N S J F P T A A M L B O J
L B E A E E E E B S C R G G E I M
E A I T H W Q N I H E A C E L R E
S Y J I Z K S A R F E X O W M U N
T D H R O L L E N O A I J O O O B
E F W A X P U U G I H D K A N E J
R I L M Y I D O R D A T D U T X S
R S P A N G S N I A L P M W J R X
E E A S J T Q Q C K K T P W N I W
T F P R G B A N O T S A L G U O D
U O F N O N X C X U Y B L A M Q R
F D N O M A I D V Y G Z A R N W P
V K K H E H T E W M U H T L A W N

PUZZLE 24

AFRICAN HERITAGE

- ☐ AFRICAN TULIP
- ☐ AFROBEAT
- ☐ ANCESTORS
- ☐ BIG DRUM
- ☐ BRAIDS
- ☐ CASSAVA
- ☐ CONKIE
- ☐ DRUM MAKING
- ☐ EMANCIPATION
- ☐ FREEDOM
- ☐ KENTE
- ☐ KOLA NUT
- ☐ MABOUYA
- ☐ MAROON
- ☐ MONA MONKEY
- ☐ NATION DANCE
- ☐ SARAKA
- ☐ SHANGO
- ☐ SORREL
- ☐ SUSU

PUZZLE 24

O K A X F E F I X E P G P J C H Y
Z O K Z H V F N D T B K S O M J K
D R U M M A K I N G Z Z W M P B W
S F N V T T J Q W Q K K D J O G V
C T T A N O I T A P I C N A M E N
E K O X T D X P M C X W E X Q U L
H N K E T I D V T P P U S U S U E
I T S Q K Y O E E Q D Z X S M U V
Z E E W J E E N Y U I A L R A W O
N N M W J K N F D C J E K C R G V
T U E T Z N D T E A R R O A N Q N
D V P X V O P Y E R N N V A R P Q
A W U I H M O V O W K C H L I A H
T A H K M A F S S I B S E L J V S
A S R A U N V R E O B S U W U E R
E Q V X R O Q H A X R T F A Q L S
B A T L D M I C Z O N Y V N Y R F
O X U W G Y V S T A S A O N R L L
R P N L I R N S C D S O O F Q Y W
F X A T B P E I I S R E P Z V X N
A M L O Y C R A A A M A B O U Y A
S J O E N F R C M V L R S W N J H
M P K A A B F R E E D O M C F H Z

PUZZLE 25

FRENCH SURNAMES IN GRENADA

- ☐ ANTOINE
- ☐ BEDEAU
- ☐ BELMAR
- ☐ BRIZAN
- ☐ DE BOURG
- ☐ DE COTEAU
- ☐ DE GANNES
- ☐ DE LA MOTHE
- ☐ DES VIGNES
- ☐ DUBOIS
- ☐ DUMONT
- ☐ FRANCOIS
- ☐ GUILLAUME
- ☐ LA GRENADE
- ☐ LA TOUCHE
- ☐ LAMOTHE
- ☐ LANGAINE
- ☐ NOEL
- ☐ PIERRE
- ☐ ST. BERNARD

PUZZLE 25

K B E L M A R B D Z T T S C B I U
U N P P C G C D W D E B O U R G M
A P A J L A Y E R R W G I V J Y F
E D Q Z U Q X G Y U R C T A G T L
T D E M I O M A X A T Z Y O R N A
O E N L G R L N X E J J A B G O M
C S E Q A U B N Y D U I V E H E O
E V F D H M F E X E F S N I I L T
D I L U Z E O S Y B G W C M X Y H
O G N B O D Z T J C I I L E D K E
N N K O X A D T H U B A H F E Z W
K E J I G N L E T E D C C D S O F
N S T S X E Z A Q H U U Z M I B R
X C L N R R G Y R O L W M J O G J
K U G S J G T M T X F C S O C J O
E Z U Q N A E A F N W D T P N H N
P O I X W L L O Q H D B B A A T Q
B O L L A N G A I N E C E N R F Y
O C L U I O G E B I L H R T F Z N
X G A I Y A U T H Z A L N O M F R
A Q U J E R R E I P M V A I K H Q
M M M X Y B K B J U C H R N B U M
F K E K N M Z K F K B M D E T X O

PUZZLE 26

SCOTTISH SURNAMES IN GRENADA

- ☐ CAMPBELL
- ☐ DAVIDSON
- ☐ DOUGLAS
- ☐ FRASER
- ☐ GRANT
- ☐ MACFARLAND
- ☐ MACINTOSH
- ☐ MACLAREN
- ☐ MACLEOD
- ☐ MACKAY
- ☐ MACKENZIE
- ☐ MCCALL
- ☐ MCDONALD
- ☐ MCGREGOR
- ☐ MOORE
- ☐ MURRAY
- ☐ ROSS
- ☐ SCOTT
- ☐ SINCLAIR
- ☐ STEWART

PUZZLE 26

P	P	V	G	J	S	O	W	M	T	A	F	T	M	M	T	K
E	C	R	R	D	P	Z	F	E	S	P	T	Y	C	T	F	A
K	S	V	A	D	P	X	M	R	N	I	W	G	P	M	E	C
J	K	L	N	A	O	U	Y	O	Q	R	R	L	D	A	I	M
G	T	Y	T	E	R	M	K	S	M	E	L	B	C	C	T	M
H	Y	I	F	R	Y	R	W	S	G	E	P	M	Q	K	W	A
H	J	X	A	R	Y	U	Q	O	B	I	S	Y	X	E	U	C
S	R	Y	C	S	A	A	R	P	W	L	G	H	U	N	W	L
O	I	H	O	U	H	S	M	D	Q	O	L	F	Q	Z	H	A
T	A	D	R	Z	T	A	E	M	A	O	G	A	K	I	H	R
N	L	L	L	G	C	M	T	R	A	Q	N	Y	C	E	A	E
I	C	A	E	A	A	D	M	T	G	Q	N	R	D	C	S	N
C	N	N	Y	C	N	F	B	X	O	X	R	A	J	F	M	Y
A	I	L	L	F	D	O	J	E	K	C	V	G	C	N	T	E
M	S	E	Q	D	R	L	D	O	Z	I	S	W	R	V	R	A
J	O	X	L	E	C	Q	E	C	D	F	W	Z	C	I	A	Y
D	S	E	E	R	Q	I	U	S	M	I	O	S	W	J	W	H
I	W	L	Y	O	J	R	O	O	T	X	A	K	V	O	E	F
I	H	H	R	O	W	N	H	Z	D	G	U	B	W	T	T	S
P	B	V	E	M	P	L	P	X	L	B	U	Z	Q	G	S	C
C	G	Q	I	D	N	A	L	R	A	F	C	A	M	D	Y	P
V	G	P	I	V	T	V	P	Y	M	U	F	B	Z	J	W	E
P	G	M	A	C	K	A	Y	Q	S	A	L	G	U	O	D	K

PUZZLE 27

INDO-GRENADIAN SURNAMES

- ☐ ALI
- ☐ BAGHWAN
- ☐ BALDEO
- ☐ BEHARRY
- ☐ BHOLA
- ☐ BISSESSAR
- ☐ HOLAS
- ☐ JALDOO
- ☐ JAPAL
- ☐ LALBEHARISINGH
- ☐ LALDEE
- ☐ LALSINGH
- ☐ MIRJAH
- ☐ NARINE
- ☐ NYACK
- ☐ PERSAUD
- ☐ RAMDHANNY
- ☐ RAMJOHN
- ☐ SALIM
- ☐ SOOKRAM

PUZZLE 27

T	D	V	Z	Q	K	Z	Y	H	J	V	U	F	B	X	D	Z
D	E	R	A	M	J	O	H	N	F	Z	O	B	V	Q	C	H
Q	M	I	R	J	A	H	O	M	H	O	N	N	X	F	W	K
A	B	L	V	W	N	F	A	K	D	Z	N	U	L	I	O	Y
N	J	X	C	D	K	R	W	L	Z	N	Y	A	C	K	J	N
U	U	K	A	J	K	B	A	K	C	O	D	F	Q	L	G	N
Z	J	L	J	O	O	J	Y	N	A	W	H	G	A	B	H	A
N	I	Q	O	J	A	P	A	L	A	O	R	L	Y	D	J	H
T	Z	S	D	K	H	H	R	O	E	A	B	N	P	I	Z	D
Y	R	R	A	H	E	B	H	B	S	E	A	K	K	B	B	M
Y	G	Z	J	B	A	K	J	S	H	K	L	Q	U	A	G	A
V	O	R	G	F	P	S	E	A	S	W	D	M	L	Y	K	R
M	K	E	P	V	A	S	R	I	V	V	E	E	A	J	T	P
A	B	R	N	Q	S	I	B	L	T	O	O	D	L	W	C	D
L	X	V	M	I	S	G	B	P	M	W	C	U	S	B	S	G
O	Z	Y	B	I	R	L	P	O	Z	M	E	M	I	L	X	H
H	U	C	N	X	K	A	J	E	M	A	G	S	N	A	Z	L
B	G	G	K	R	M	G	N	S	R	W	U	T	G	L	D	O
S	H	V	M	M	O	H	O	L	A	S	K	D	H	D	I	U
M	Q	Z	I	I	X	D	J	S	A	D	A	L	W	E	I	F
N	R	H	L	V	L	U	N	V	X	V	F	U	H	E	G	Y
I	D	G	A	U	G	N	E	C	M	J	S	O	D	C	G	B
L	Y	P	S	F	L	G	S	Y	R	W	R	K	J	Z	Z	Z

PUZZLE 28

LEST WE FORGET

- ☐ BERYL
- ☐ BLOODY MONDAY
- ☐ BLOODY SUNDAY
- ☐ BRITISH RULE
- ☐ COVID PANDEMIC
- ☐ CROWN COLONY
- ☐ EMANCIPATION
- ☐ EXPO SIXTY NINE
- ☐ FEDON'S REBELLION
- ☐ FIFTIETH
- ☐ FRENCH RULE
- ☐ INDEPENDENCE
- ☐ INDIAN ARRIVALS
- ☐ IVAN
- ☐ INVASION
- ☐ JANET
- ☐ MISS WORLD
- ☐ OLYMPIC GOLD
- ☐ REVOLUTION
- ☐ SKYRED

PUZZLE 28

S	O	N	T	X	M	V	Z	K	D	O	W	J	I	T	B	F
S	M	T	N	P	B	G	R	O	H	K	Z	C	A	L	X	M
K	C	U	H	O	A	E	N	A	V	I	M	G	O	N	E	Q
S	I	R	T	R	I	F	R	C	H	N	W	O	S	N	E	I
B	M	E	E	D	V	T	F	Y	O	C	D	L	I	V	N	T
W	E	V	I	V	M	B	A	I	L	Y	A	N	L	D	P	Z
I	D	O	T	P	T	E	S	P	M	V	Y	R	E	A	F	B
H	N	L	F	U	I	A	O	O	I	T	F	P	O	E	R	R
N	A	U	I	X	V	M	N	R	X	C	E	H	D	N	Y	I
L	P	T	F	N	I	D	R	I	K	N	N	O	D	K	A	T
L	D	I	I	G	A	A	S	D	D	S	N	A	E	K	K	I
L	I	O	B	Y	N	O	E	E	I	S	R	S	M	L	X	S
P	V	N	I	A	P	P	N	L	R	P	B	Q	Z	E	M	H
S	O	J	I	X	W	C	O	E	U	P	S	Z	C	Z	D	R
Y	C	D	E	J	E	P	B	R	E	R	S	W	I	O	R	U
U	N	M	P	G	C	E	F	G	V	N	H	L	U	O	U	L
I	X	T	R	B	L	X	S	O	Q	D	L	C	B	H	Q	E
O	T	F	S	L	E	B	H	C	P	L	N	Q	N	Q	N	D
R	H	H	I	N	M	I	S	S	W	O	R	L	D	E	V	U
R	U	O	I	Y	N	O	L	O	C	N	W	O	R	C	R	O
C	N	Z	J	G	U	D	E	R	Y	K	S	E	E	Y	R	F
D	Q	D	L	O	G	C	I	P	M	Y	L	O	A	D	I	J
D	B	L	O	O	D	Y	S	U	N	D	A	Y	L	W	O	E

PUZZLE 29

SEASONS OF CELEBRATION

- ☐ CHOCOLATE FEST
- ☐ CHRISTMAS
- ☐ DIWALI
- ☐ EASTER
- ☐ EMANCIPATION
- ☐ FATHER'S DAY
- ☐ FISHERMANS'
- ☐ FISH FRIDAY
- ☐ INDEPENDENCE
- ☐ INDIAN ARRIVALS
- ☐ LABOUR DAY
- ☐ MAROON
- ☐ MOTHER'S DAY
- ☐ NEW YEARS
- ☐ RAINBOW CITY
- ☐ REGATTA
- ☐ SAILING
- ☐ SPICEMAS
- ☐ ST. PATRICK'S DAY
- ☐ THANKSGIVING

PUZZLE 29

Y	L	B	G	Q	Q	F	K	B	H	H	D	E	V	V	Y	M
I	N	D	E	P	E	N	D	E	N	C	E	M	T	T	T	I
B	C	X	I	L	T	C	I	L	A	W	I	D	G	H	I	P
X	Y	H	A	N	B	I	S	D	U	S	X	J	V	A	C	E
C	G	A	R	S	D	R	E	G	A	T	T	A	R	N	W	D
F	F	U	D	I	S	I	Z	O	S	S	N	U	Z	K	O	O
N	Z	F	C	I	S	R	A	U	Z	A	U	X	U	S	B	T
U	M	I	J	N	R	T	A	N	E	H	M	W	B	G	N	O
T	D	S	R	U	O	F	M	E	A	G	E	E	D	I	I	K
M	S	H	L	N	S	O	H	A	Y	R	A	M	C	V	A	G
O	C	E	N	K	T	G	R	S	S	W	R	O	F	I	R	Y
T	N	R	F	A	P	A	I	A	I	G	E	I	F	N	P	V
H	O	M	M	E	A	F	L	O	M	F	G	N	V	G	T	S
E	I	A	S	C	T	P	X	W	I	T	N	C	G	A	K	V
R	T	N	W	Y	R	A	S	E	S	I	I	M	V	D	L	O
S	A	S	H	A	I	R	L	F	N	S	L	F	T	C	R	S
D	P	U	J	D	C	E	I	O	N	M	I	X	O	E	N	N
A	I	K	W	R	K	T	U	D	C	Z	A	H	J	V	H	T
Y	C	E	G	U	S	S	A	M	J	O	S	H	K	E	V	D
M	N	T	L	O	D	A	D	J	G	N	H	U	P	T	H	R
T	A	U	I	B	A	E	T	Q	J	G	B	C	Q	P	I	G
H	M	F	O	A	Y	F	A	T	H	E	R	S	D	A	Y	G
W	E	E	Q	L	Y	L	I	K	F	N	M	I	L	D	X	L

PUZZLE 30

SPICE ISLE CHRISTMAS

- ☐ BLACK CAKE
- ☐ BOILED HAM
- ☐ CAROLS
- ☐ CHRISTMAS TREES
- ☐ CURTAINS
- ☐ EGGNOG
- ☐ GINGER BEER
- ☐ HOUSE PAINTING
- ☐ LIGHTS
- ☐ MIDNIGHT MASS
- ☐ PARANG
- ☐ PIGEON PEAS
- ☐ POINSETTIA
- ☐ PRESENTS
- ☐ PUNCH - A - CREME
- ☐ RUM
- ☐ SANTA CLAUS
- ☐ SORREL
- ☐ STEELBAND
- ☐ STRINGBAND

PUZZLE 30

A	B	F	U	E	H	M	G	G	Z	C	O	X	V	W	G	G
I	O	C	J	A	H	Y	X	X	V	C	R	T	W	O	L	S
G	I	Y	J	Z	P	O	I	N	S	E	T	T	I	A	L	P
O	L	O	C	O	P	B	L	X	B	U	F	X	H	O	P	U
N	E	M	H	S	W	Q	L	N	L	M	R	P	R	U	Z	N
G	D	H	R	L	J	Q	J	G	S	W	W	A	W	P	H	C
G	H	H	I	D	P	U	Q	N	T	I	C	Z	W	S	R	H
E	A	G	S	H	A	S	Y	O	E	M	K	A	Z	V	N	A
Q	M	B	T	S	R	S	K	L	E	I	N	S	P	R	T	C
I	O	X	M	J	A	P	V	F	L	D	A	G	W	E	P	R
Q	A	C	A	L	N	I	G	T	B	N	L	N	K	E	Y	E
E	N	U	S	L	G	G	W	G	A	I	E	I	S	B	R	M
Y	T	R	T	I	N	E	K	S	N	G	R	T	A	R	S	E
T	C	T	R	G	Y	O	W	P	D	H	R	N	N	E	T	I
S	S	A	E	H	W	N	T	V	I	T	O	I	T	G	R	B
R	T	I	E	T	V	P	Y	B	Q	M	S	A	A	N	I	X
P	N	N	S	S	A	E	K	O	E	A	K	P	C	I	N	L
J	E	S	S	Q	M	A	E	E	K	S	V	E	L	G	G	F
Y	S	C	M	W	T	S	N	Y	X	S	R	S	A	A	B	F
Q	E	F	H	U	U	R	T	L	T	B	Z	U	U	K	A	W
J	R	V	U	D	R	U	N	T	D	X	H	O	S	L	N	X
C	P	E	N	U	M	Q	A	N	P	C	Q	H	V	O	D	F
K	J	K	K	O	D	E	K	A	C	K	C	A	L	B	K	N

DESTINATION 4
FOODS & FLAVOURS

Grenada isn't just the Isle of Spice in name — it's a culinary powerhouse. In 2021, we were named the world's first Culinary Capital by the World Food Travel Association, and in 2025, "Which?" the top UK consumer advocacy group, crowned Grenada, the Best Destination for Foodies.These honours reflect what we've always known — that our kitchens, gardens, markets, and traditions hold flavours the world is hungry for.

This section is a tribute to that delicious legacy. From the healing leaves of our bush teas to the boldness of Indo-Grenadian curry, from the Latin names of our local plants to the sweet treats, fruits, and spices that define us — Grenadian food is storytelling through nutrition and taste. Here, we celebrate what we grow, cook, and share: the comfort of home food, the joy of a sip, and the pride of serving what's ours. Rich, rooted, healing, spicy, and sweet — welcome to the edible soul of Grenada.

PUZZLE 31

BUSH TEAS & TRADITIONAL MEDICINE

- ☐ ALOES
- ☐ BLACKSAGE
- ☐ BOISE DEN
- ☐ BONBANDÉ
- ☐ COUSIN MAHOT
- ☐ CUTLET LEAVES
- ☐ GINGER
- ☐ KARILEE
- ☐ KUDJOE ROOT
- ☐ LEMONGRASS
- ☐ MAN BETTER MAN
- ☐ MARIJUANA
- ☐ NONI
- ☐ PAPAYA
- ☐ PIGEON PEAS LEAVES
- ☐ SANTA MARIA
- ☐ SOURSOP
- ☐ WALL CRESS
- ☐ YELLOW PRICKLE
- ☐ ZEB A PIQUE

PUZZLE 31

F T P S X D Q Y O P A L Y T N B A
S N S S E O O I D L W M H E F J G
N T A E U S O U R S O P N O K D Q
D U N R Q Q E Y M K O A U V Q N O
P E T C I P L V K A M S X X E O B
O G A L P C F Q A R R C G X R W P
A A M L A M C Q E E C I Y U W L A
G S A A B W T T L A L E J U C L J
V K R W E G T V E L L T K U O A I
A C I G Z E O V M L E H E E A J I
D A A N B X W O O E P H S L P N S
N L P N E D U W N S Y G I V T T A
O B A J A L P I G N G L P U Y U M
K M W L D R U B R C E I U D Y T C
A P R A I M W B A O E D N T T Q Q
R G Z C M D S T S P E T E G S C Q
I M K V Y M G P S K W A L S E G J
L L L C F N I Z E Y L H P U I R T
E Z C O U S I N M A H O T P K O P
E Q K U J U P A P A Y A H N P B B
T S E V A E L S A E P N O E G I P
T O O R E O J D U K T P D P L I P
I N O N É D N A B N O B U U Q F G

PUZZLE 32

FROM LEAF TO LATIN
SCIENTIFIC NAMES Of PLANTS

- ☐ ANNONA MURICATA
- ☐ BLIGHIA SAPIDA
- ☐ CAJANUS CAJAN
- ☐ CANNABIS SATIVA
- ☐ CAPSICUM ANNUUM
- ☐ CARICA PAPAYA
- ☐ CITRUS LIMON
- ☐ COCOS NUCIFERA
- ☐ COLA NITIDA
- ☐ CYMBOPOGON
- ☐ DIOSCOREA ALATA
- ☐ LIPPIA ALBA
- ☐ MANGIFERA INDICA
- ☐ MORINDA CITRIFOLIA
- ☐ NEUROLAENA LOBATA
- ☐ PETIVERIA ALLIACEA
- ☐ PIMENTA RACEMOSA
- ☐ RICHERIA GRANDIS
- ☐ THEOBROMA CACAO
- ☐ URENA LOBATA

PUZZLE 32

E A R C C X P A M C G X Q Z C C C
Z E I I I E I C U O L E L A V D Y
A C C A T N M I U C I Y G V I M B
M A H H R D E D N O P Z F R X I U
O I E G U I N N N S P B D N X B X
R L R T S O T I A N I U C M V K O
I L I H L S A A M U A D V T M M N
N A A E I C R R U C A D A C B E U
D A G O M O A E C I L N S R U C R
A I R B O R C F I F B C O R Y A E
C R A R N E E I S E A X O M D R N
I E N O F A M G P R L L B I I I A
T V D M N A O N A A A O T K G C L
R I I A N L S A C E P I T C M A O
I T S C L A A M N O N F T J K P B
F E J A Z T N A G A G Q Y N S A A
O P O C N A L O L E S W C A D P T
L S Y A J O N O V E M F V N J A A
I O G O B R C L X C Z H C F L Y X
A R R A V I T A S S I B A N N A C
L F T O C A J A N U S C A J A N B
P A D I P A S A I H G I L B Q O P
V H A T A C I R U M A N O N N A K

PUZZLE 33

SPICES & HERBS

- ☐ ALLSPICE
- ☐ ANNATTO
- ☐ BASIL
- ☐ BAY LEAVES
- ☐ CHADON BENI
- ☐ CILANTRO
- ☐ CINNAMON
- ☐ CLOVE
- ☐ GINGER
- ☐ LEMONGRASS
- ☐ MACE
- ☐ MINT
- ☐ NUTMEG
- ☐ PAPRIKA
- ☐ ROSEMARY
- ☐ SCOTCH BONNET PEPPER
- ☐ TARRAGON
- ☐ THYME
- ☐ TONKA BEAN
- ☐ TURMERIC

PUZZLE 23

S F Z I Y A Q R R Z D D G A E P R
P G L B A Y L E A V E S U N P G R
M E E P J C I N N A M O N T P H E
V N Y V U X M I N T E I B A O H P
A O E X O O K E Y V C D M E Z N P
V K V A E L H V L H I D O C J A E
F T G V N I C R O V P O L A Q V P
S U M M A N K N E C S Y K M M Y T
L R K N K T A E B I L R A O W X E
N M I M I O Z T C U L C L Q B G N
D E L O R N I T T I A B Q X A F N
Y R Q R P K A A C O L C V H S J O
H I B T A A Q R Z H W A U T I D B
A C P E P B S A G A J K N Y L T H
J P Z Z X E Z S T Z G F R T F Z C
B U T K D A S N A I H A S R R O T
C S N G N N O U N R M T G F K O O
F V W D N G S G G E G E M Y H T C
R B A Z A Z E J S G M N K D K G S
L W V R L R M O I T Y A O R E F V
B Y R V D S R F U S O V D M A E U
F A L X M Q U N V R U X Q G E J I
T O E G I N E B N O D A H C Z L R

PUZZLE 34

TRADITIONAL GRENADIAN FOODS

- ☐ BROWN DOWN
- ☐ BULLY BAKES
- ☐ CALLALOO SOUP
- ☐ CORN-CROCKET
- ☐ COU-COU
- ☐ COW HEEL SOUSE
- ☐ CRAB BACK
- ☐ CRAYFISH BROTH
- ☐ CURRIED GOAT
- ☐ FIG AND SALTFISH
- ☐ FISH CAKE
- ☐ FRIED BREADFRUIT
- ☐ GREEN PEAS SOUP
- ☐ MANISH WATERS
- ☐ OIL DOWN
- ☐ PELAU
- ☐ RICE AND PEAS
- ☐ ROTI
- ☐ SMOKED HERRING
- ☐ TITIRI

PUZZLE 34

J	L	W	L	W	Y	M	D	Q	X	O	A	Y	O	C	S	S
T	T	T	U	C	A	L	L	A	L	O	O	S	O	U	P	R
A	I	F	C	R	A	Y	F	I	S	H	B	R	O	T	H	H
O	G	O	T	M	W	M	S	V	V	D	Q	L	G	Y	S	B
G	R	L	P	I	Q	R	W	X	P	Z	T	U	S	I	R	E
D	E	S	L	I	T	O	R	G	Y	E	C	F	F	O	U	E
E	E	A	E	D	I	I	U	S	G	W	C	T	W	Z	T	X
I	N	W	K	B	V	U	R	M	Q	O	L	N	P	Z	Q	F
R	P	U	A	M	P	C	R	I	W	A	D	M	C	F	C	R
R	E	M	C	H	N	I	M	H	S	O	S	A	E	B	P	I
U	A	F	H	P	S	S	E	D	W	G	M	N	K	J	S	E
C	S	K	S	L	D	E	N	N	A	H	O	I	D	Z	Z	D
A	S	W	I	X	L	A	S	C	K	R	K	S	S	C	R	B
K	O	K	F	S	G	U	E	I	D	I	E	H	H	O	D	R
W	U	A	O	I	K	O	K	W	B	C	D	W	P	R	U	E
M	P	U	F	N	M	C	A	S	U	E	H	A	U	N	T	A
U	S	F	M	W	A	U	B	L	U	A	E	T	V	C	I	D
E	J	T	D	O	G	O	Y	A	L	N	R	E	O	R	I	F
U	V	K	A	D	P	C	L	E	I	D	R	R	F	O	U	R
F	S	X	J	L	C	E	L	U	S	P	I	S	Q	C	S	U
H	R	L	R	I	P	B	U	E	V	E	N	W	Q	K	Y	I
G	K	R	Q	O	S	A	B	B	N	A	G	Y	B	E	E	T
Q	E	K	C	A	B	B	A	R	C	S	V	H	S	T	H	J

PUZZLE 35

GRENADIAN SWEETS

- ☐ ASHURN
- ☐ BANANA FRITTERS
- ☐ BUNS
- ☐ CHIP-CHIP
- ☐ COCONUT CANDY
- ☐ COCONUT FUDGE
- ☐ COCONUT TART
- ☐ CURRENT ROLL
- ☐ CUT CAKE
- ☐ DROPS
- ☐ GINGER FUDGE
- ☐ GUAVA CHEESE
- ☐ MILK FUDGE
- ☐ MINTS
- ☐ PAPAYA
- ☐ PINEAPPLE TART
- ☐ POTATO PONE
- ☐ SNOW CONE
- ☐ SUGAR CAKE
- ☐ TAMARIND BALLS

PUZZLE 35

```
S H S M V P J G M I L K F U D G E
U L F P M K Y S O W S X R N Q V E
N O L T O D V U U O R U U A E P N
N K F A I R T L Q V N Q P V W E O
R A Z V B P D T D L B U I O C J P
U J Z H A D Y U R I S M N P Y H O
H W U C D R N G Q Y N F E L K E T
S N Z Z A V B I W D W K A Z B G A
A C Q C T Y A D R N T X P L B D T
I Y I U A G N L S A O B P G S U O
Q U I R A M A C N C M T L S N F P
T A E R E C N M V T D A E U O R P
R Y C E S O A M I U A D T U W E P
A A U N E C F Y D N X S A M C G B
T P T T E O R C T O T M R H O N X
T A C R H N I G W C P S T X N I K
U P A O C U T J P O F W Z G E G Z
N E K L A T T H Z C N N E N P G A
O N E L V F E S U G A R C A K E P
C W N G A U R G Z G S R H N Y S I
O Q E X U D S N J P I H C P I H C
C A Y T G G W J Z U D N G T G L X
W H T N B E B U N S U D O J V V U
```

PUZZLE 36

FRUITS OF THE LAND

- ☐ BANANA
- ☐ CANTALOUPE
- ☐ CHERRY
- ☐ CUSTARD APPLE
- ☐ GOLDEN APPLE
- ☐ GRAPEFRUIT
- ☐ GUAVA
- ☐ JUNE PLUM
- ☐ MANGO
- ☐ PAPAYA
- ☐ PASSION FRUIT
- ☐ PINEAPPLE
- ☐ POMEGRANATE
- ☐ SAPODILLA
- ☐ SERVILLE ORANGE
- ☐ SKIN UP
- ☐ SOURSOP
- ☐ STARFRUIT
- ☐ TAMARIND
- ☐ WATERMELON

PUZZLE 36

H	M	A	Q	I	A	Y	X	X	D	M	O	C	Q	R	S	L
F	S	A	P	O	D	I	L	L	A	L	U	X	Y	T	S	L
E	V	K	Z	U	L	R	J	Y	U	S	F	X	A	R	C	Y
P	T	G	I	O	A	N	C	R	T	N	L	R	G	N	O	L
U	V	S	K	I	N	U	P	A	S	T	F	G	O	X	V	Q
O	M	G	J	M	X	C	R	O	P	R	Z	L	J	N	B	Q
L	M	U	L	W	X	D	S	O	U	C	E	H	X	B	I	T
A	D	K	L	U	A	O	S	I	L	M	L	O	K	L	I	Q
T	J	U	Q	P	U	W	T	D	R	G	F	W	N	U	J	C
N	Z	L	P	R	E	P	Z	E	I	U	G	D	R	H	D	R
A	H	L	S	D	B	N	T	C	K	Q	G	F	L	R	G	A
C	E	O	Q	W	T	A	U	P	E	A	N	T	Z	R	N	E
R	P	Y	K	X	W	S	I	J	Y	O	Y	D	A	A	G	L
W	J	X	O	O	Q	N	W	A	I	F	W	P	N	M	T	P
D	T	O	G	Z	E	S	P	S	C	C	E	A	W	Y	A	P
R	Y	N	X	A	G	A	S	J	B	F	B	I	C	J	M	A
Z	A	T	P	U	P	A	C	E	R	Q	V	A	D	O	A	N
M	J	P	A	X	P	S	I	U	M	D	P	Z	L	L	R	E
K	L	V	Z	A	F	A	I	O	L	X	I	Q	Z	F	I	D
E	A	O	Q	Z	C	T	G	E	C	G	U	Z	K	U	N	L
U	O	K	S	P	O	M	E	G	R	A	N	A	T	E	D	O
W	S	E	R	V	I	L	L	E	O	R	A	N	G	E	H	G
Y	R	R	E	H	C	J	P	L	R	D	L	E	W	X	O	D

PUZZLE 37

SIP & SMILE

- ☐ BABASH
- ☐ BABALE
- ☐ BOBANDE
- ☐ BUSH TEA
- ☐ CANE JUICE
- ☐ CARIB
- ☐ COCOA TEA
- ☐ COCONUT WATER
- ☐ HOMEMADE WINE
- ☐ LEMONGRASS TEA
- ☐ LIME JUICE
- ☐ MALT
- ☐ MAUBY
- ☐ PASSION FRUIT JUICE
- ☐ PUNCH-A-CREME
- ☐ RIVERS
- ☐ RUM PUNCH
- ☐ SEA MOSS
- ☐ SORREL
- ☐ TANIA LOG

PUZZLE 37

O	L	B	C	M	J	S	I	D	Z	A	M	A	U	B	Y	V
Y	H	P	D	A	E	T	A	O	C	O	C	X	X	L	J	L
C	V	R	M	F	R	W	H	R	L	K	O	Q	V	B	X	L
S	C	A	N	E	J	U	I	C	E	X	S	M	A	U	P	E
P	Y	Y	X	M	C	T	A	Q	X	I	J	X	S	J	A	M
Q	K	F	N	E	C	I	U	J	E	M	I	L	O	I	S	O
R	E	T	A	W	T	U	N	O	C	O	C	Y	F	R	S	N
P	E	T	E	E	J	J	X	D	X	H	K	W	P	I	I	G
A	M	R	U	G	B	O	B	A	N	D	E	E	U	V	O	R
P	E	N	Z	K	F	J	S	G	J	W	L	A	B	E	N	A
L	R	S	E	O	K	K	S	O	W	M	L	A	F	R	F	S
Q	C	H	F	H	I	D	O	C	L	Y	R	J	W	S	R	S
E	A	W	D	W	O	N	M	U	X	W	E	A	G	R	U	T
L	H	G	N	E	X	M	A	G	Y	N	S	K	T	N	I	E
A	C	Y	A	T	B	N	E	N	O	M	T	O	K	N	T	A
B	N	Z	C	F	L	H	S	M	E	L	U	W	G	Y	J	S
A	U	G	Y	W	U	A	N	F	A	R	A	U	F	B	U	Z
B	P	H	C	N	U	P	M	U	R	D	M	I	I	U	I	Q
M	V	O	K	L	M	Z	U	E	D	A	E	R	N	D	C	T
C	Z	G	N	A	E	T	H	S	U	B	A	W	W	A	E	U
S	A	H	S	A	B	A	B	R	M	C	M	H	I	F	T	K
B	G	A	U	S	O	R	R	E	L	U	W	H	M	N	V	Y
T	X	B	Y	N	F	G	J	B	G	Q	C	V	T	M	E	K

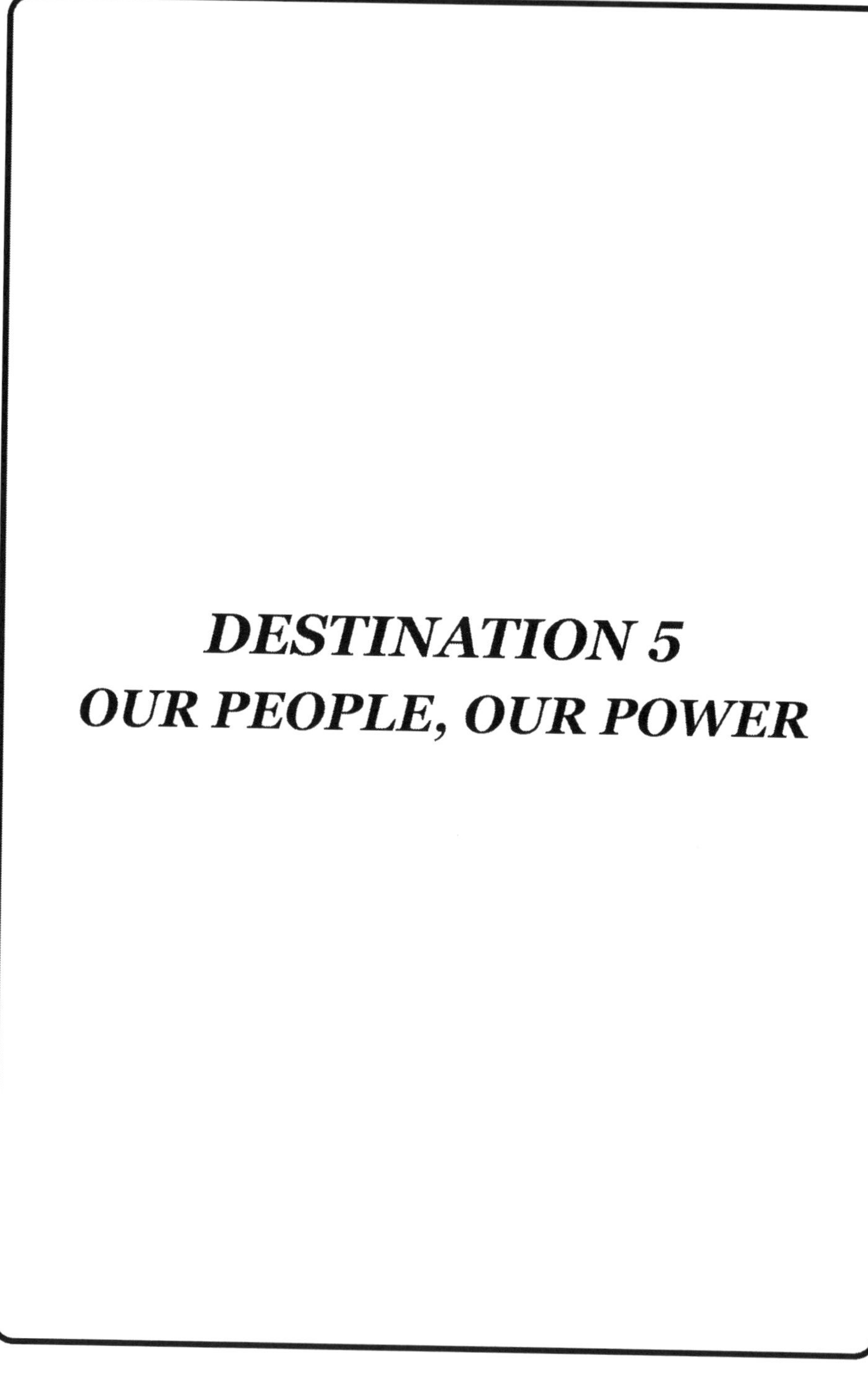

DESTINATION 5
OUR PEOPLE, OUR POWER

Grenada's greatest treasure is our people — resilient, warm spirited, kind hearted, generous, and brilliant. From well-known names to unsung heroes, this section honours Grenadians who have made their mark in medicine, education, politics, the arts, and beyond — both at home and abroad.

Some changed lives quietly, others stood on global stages, but all helped shape the Grenada we know today. Their impact is a reminder that greatness can rise from anywhere — a small village, a humble home, or deep within the diaspora.

This is a tribute to those who paved the way, and an invitation to the next generation: to dream, to lead, and to carry the flame forward. The story of Grenada continues — and it begins with people like you who dare to make a difference

PUZZLE 38

GRENADIAN PREMIERS & PRIME MINISTERS

GOVERNORS & GOVERNOR GENERALS

- ☐ BEN JONES
- ☐ BLAISE VINCENT
- ☐ CARLYLE GLEAN
- ☐ CECILE LA GRENADE
- ☐ DANIEL WILLIAMS
- ☐ DICKON MITCHELL
- ☐ ERIC GAIRY
- ☐ GEORGE BRIZAN
- ☐ GEORGE MACARTNEY
- ☐ HERBERT BLAIZE
- ☐ HILDA BYNOE
- ☐ JEAN DE FAUDOAS
- ☐ KEITH MITCHELL
- ☐ LEO DE GALE
- ☐ MAURICE BISHOP
- ☐ NICHOLAS BRATHWAITE
- ☐ PAUL SCOON
- ☐ REGINALD PALMER
- ☐ ROBERT MELVILE
- ☐ TILLMAN THOMAS

PUZZLE 38

Y W V D B J R Y Y B E N J O N E S
K N N A N A E L G E L Y L R A C N
B Z I O V T G N B B I K O P H H O
C Z C D Y S I Y R I A G C I R E O
M V H O M B N W M J Q A S F W R C
K N O H H R A E M P P O R Z V B S
M A L L H P L T T P C M O M Y E L
H Z A K G Z D R D O J S B L O R U
I I S E E Z P T I H X M E E E T A
L R B I O Q A N C S O A R O D B P
D B R T R T L E K I Z I T D A L J
A E A H G I M C O B Y L M E N A E
B G T M E L E N N E U L E G E I A
Y R H I M L R I M C E I L A R Z N
N O W T A M K V I I A W V L G E D
O E A C C A G E T R A L I E A J E
E G I H A N E S C U F E L X L V F
J D T E R T B I H A L I E I E T A
W H E L T H I A E M P N Q W L U U
E X Z L N O O L L X J A K Z I H D
L G X L E M A B L Q B D T S C J O
T R E R Y A T Y U Z E F A D E C A
W B E W G S D H U H Q V C W C R S

PUZZLE 39

POLITICIANS

- ☐ BERNARD COARD
- ☐ DEREK KNIGHT
- ☐ FRANCIS ALEXIS
- ☐ GREGORY BOWEN
- ☐ HERBERT PREUDHOMME
- ☐ JERRY SEALES
- ☐ JOAN PURCELL
- ☐ JOHN WATTS
- ☐ JOSEPH ANDALL
- ☐ LYDEN RAMDHANNY
- ☐ MARCEL PETERS
- ☐ NAZIM BURKE
- ☐ NORRIS BAIN
- ☐ PETER DAVID
- ☐ PHINSLEY ST. LOUIS
- ☐ RAPHAEL FLETCHER
- ☐ TERRANCE MARRYSHOW
- ☐ WAPLE NEDD
- ☐ WINIFRED STRACHAN
- ☐ WINSTON FREDERICK

PUZZLE 39

P	E	N	Y	L	L	E	C	R	U	P	N	A	O	J	V	I
J	H	F	R	A	N	C	I	S	A	L	E	X	I	S	D	W
W	O	H	S	Y	R	R	A	M	E	C	N	A	R	R	E	T
E	P	H	I	N	S	L	E	Y	S	T	L	O	U	I	S	R
I	M	J	N	V	A	R	X	V	I	D	Z	W	A	A	E	A
K	U	M	G	W	L	T	O	U	D	U	P	F	T	M	L	P
G	C	K	O	T	A	J	K	E	M	E	W	H	I	A	A	H
R	L	I	O	H	U	T	N	S	T	D	G	W	Y	R	E	A
E	L	H	R	X	D	E	T	E	S	I	C	N	Y	C	S	E
G	A	A	X	E	L	U	R	S	N	Y	N	P	E	E	Y	L
O	D	B	J	P	D	D	E	K	N	A	G	K	R	L	R	F
R	N	Z	A	A	A	E	K	R	H	V	R	Z	A	P	R	L
Y	A	W	X	V	B	E	R	D	P	U	C	P	F	E	E	E
B	H	E	I	H	R	T	M	F	B	T	K	I	O	T	J	T
O	P	D	L	E	T	A	O	M	N	G	R	Z	K	E	U	C
W	E	T	D	Z	R	O	I	B	G	O	Q	E	L	R	N	H
E	S	S	A	N	X	Z	X	S	T	P	T	N	B	S	N	E
N	O	E	E	A	A	G	C	O	O	Q	H	S	A	R	F	R
M	J	D	T	N	N	I	E	J	R	S	C	F	N	S	E	R
E	Y	P	N	I	A	B	S	I	R	R	O	N	C	I	Z	H
L	I	N	U	W	I	M	X	T	I	Q	Z	N	J	X	W	B
W	I	N	I	F	R	E	D	S	T	R	A	C	H	A	N	R
Y	W	F	D	R	A	O	C	D	R	A	N	R	E	B	O	H

PUZZLE 40

EDUCATORS AT HOME & ABROAD

- ☐ ALFORD TANNIS
- ☐ ALISTER ALEXIS
- ☐ ANDRE MARTIN
- ☐ BAXTER FANWAR
- ☐ CATHERINE KING
- ☐ CRESWELL JULIEN
- ☐ ELDRIDGE ADAMS
- ☐ FRANCIS SOOKRAM
- ☐ HUDSON MCPHAIL
- ☐ IRVA ALEXANDER
- ☐ JAMES ALEXANDER
- ☐ J. W. FLETCHER
- ☐ KIMLYN DECOTEAU
- ☐ LLOYD ROBERTS
- ☐ MORAIN ALEXANDER
- ☐ NIGEL DEGALE
- ☐ O'BRIEN NYACK
- ☐ RUBEN MAINS
- ☐ VICTOR ASHBY
- ☐ WINNIFRED GRANGER

PUZZLE 40

S	G	N	I	K	E	N	I	R	E	H	T	A	C	A	T	H
X	N	E	I	L	U	J	L	L	E	W	S	E	R	C	X	U
K	R	E	D	N	A	X	E	L	A	N	I	A	R	O	M	D
E	I	R	U	B	E	N	M	A	I	N	S	L	M	W	R	S
X	R	M	A	T	M	S	G	G	U	Y	U	F	B	I	A	O
U	B	E	L	P	J	G	V	W	U	Z	B	O	W	D	W	N
B	Z	S	G	Y	O	E	L	G	L	X	O	R	G	A	N	M
R	K	I	M	N	N	L	A	P	T	A	N	D	G	N	A	C
E	T	X	V	V	A	D	G	T	D	O	I	T	W	D	F	P
D	L	E	F	I	R	R	E	I	A	L	B	A	D	R	R	H
N	N	L	R	C	E	I	G	C	F	P	G	N	J	E	E	A
A	I	A	A	T	H	D	L	D	O	K	A	N	J	M	T	I
X	G	R	N	O	C	G	S	U	E	T	L	I	D	A	X	L
E	E	E	C	R	T	E	K	T	K	R	E	S	O	R	A	N
L	L	T	I	A	E	A	X	X	W	R	F	A	M	T	B	H
A	D	S	S	S	L	D	K	X	E	O	H	I	U	I	V	V
S	E	I	S	H	F	A	X	F	B	C	N	C	N	N	Q	F
E	G	L	O	B	W	M	L	Q	N	F	Y	O	D	N	S	U
M	A	A	O	Y	J	S	G	V	A	I	J	F	I	N	I	O
A	L	L	K	S	T	R	E	B	O	R	D	Y	O	L	L	W
J	E	U	R	R	N	F	S	D	Q	I	X	C	H	N	Q	E
I	R	V	A	A	L	E	X	A	N	D	E	R	S	H	Z	B
K	L	C	M	K	C	A	Y	N	N	E	I	R	B	O	K	U

PUZZLE 41

MEN & WOMEN OF THE CLOTH

- ☐ ARTHUR HUGGINS
- ☐ BILL O'CARROLL
- ☐ CATHERINE VINCENT
- ☐ CHRISTIAN GLASGOW
- ☐ CLINTON LEWIS
- ☐ DAVID KING
- ☐ DEVON RACHAE
- ☐ GERARD PAUL
- ☐ G. KEENS-DOUGLAS
- ☐ HAPPY AKASIE
- ☐ JAMIE GORDON
- ☐ JEROME GORDON
- ☐ LEOPOLD FRIDAY
- ☐ MOTHER ANNIE
- ☐ NORD PUNCH
- ☐ OSBERT JAMES
- ☐ RICHARD HOPKIN
- ☐ SAMUEL NILES
- ☐ SANFORD SIMON
- ☐ SEAN DOGGET

PUZZLE 41

R N R F F E A H C A R N O V E D Q
D A V I D K I N G X X Z J G S T H
Z K C F C V M D J B A I P K A X A
J P Q S P H L T P T B J N G M Q P
T M S Y L R A P B G G A K D U P P
C M T Q X N I R B N G J K L E T Y
J S F T Z O T O D A D L G X L N A
A A V L W M J S B H F U P E N E K
M L S L O I E B Z L O A C X I C A
I G N O G S R E Q U U P S M L N S
E U I R S D O R Y S S D K Q E I I
G O G R A R M T A I O R G I S V E
O D G A L O E J D W E A D P N E T
R S U C G F G A I E I R J T T N E
D N H O N N O M R L N E D M H I G
O E R L A A R E F N N G Z J C R G
N E U L I S D S D O A R S G N E O
Y K H I T J O U L T R X I L U H D
P G T B S C N E O N E T X F P T N
A Z R J I F R W P I H O C B D A A
S A A X R Z H D O L T H E S R C E
G H E F H U B B E C O N A Y O C S
P A A B C R W R L W M A B K N E U

PUZZLE 42

TRAILBLAZERS & ICONS

- ☐ ANTHONY GEORGE
- ☐ BETTY MASCOLL
- ☐ DESSIMA WILLIAMS
- ☐ ETHELSTAN FRIDAY
- ☐ GERTRUDE PROTAIN
- ☐ G PAYNE BANFIELD
- ☐ GUIDO MARCELLE
- ☐ JENNIFER HOSTEN
- ☐ KIRANI JAMES
- ☐ L.A. PURCELL
- ☐ LESLIE PIERRE
- ☐ L.L. RAMDHANNY
- ☐ MOTT GREEN
- ☐ NOBERT NYACK
- ☐ ROYSTON HOPKIN
- ☐ TA MARRYSHOW
- ☐ TELFOR BEDEAU
- ☐ URIAH BUTLER
- ☐ WILLIE REDHEAD
- ☐ WINSTON FLEARY

PUZZLE 42

S T H W I N S T O N F L E A R Y J

E Y N N A H D M A R L L F I T P W

L F K L B H S R Y O D A Q K E F B

L B X K U K M R G T A D S P G X E

E U M E A R A H P F E Y L B R F T

C V M T E O I U A V H F A K O F T

R Y Z H D Y L R Y F D M P L E C Y

A D G E E S L I N Z E U U E G W M

M S E L B T I A E H R H R S Y O A

O Y V S R O W H B A E T C L N H S

D J Q T O N A B A G I N E I O S C

I B E A F H M U N I L M L E H Y O

U M N N L O I T F P L K L P T R L

G O C F E P S L I O I B S I N R L

D T B R T K S E E P W I S E A A T

C T M I U I E R L T J I K R L M Z

F G L D E N D K D E H A N R W A R

R R A A V S S G O B O Z K E B I B

X E A Y S E M A J I N A R I K Y B

Z E G E R T R U D E P R O T A I N

Z N O B E R T N Y A C K N K X T E

A M B S N I O Z B G I A O S B D K

V R N E T S O H R E F I N N E J K

PUZZLE 43

AGRICULTURAL ICONS

- ☐ ANTHONY NOEL
- ☐ BERNARD FRANCOIS
- ☐ BERTRAND JOHN
- ☐ CECIL. WINSBORROW
- ☐ COSMOS JOSEPH
- ☐ DANIEL LEWIS
- ☐ DAWNE FLETCHER
- ☐ DENNIS NOEL
- ☐ DEREK CHARLES
- ☐ EDWARD KENT
- ☐ GABRIEL CLARKE
- ☐ GREGORY DEL SOL
- ☐ HICKLYN NYACK
- ☐ KENNETH NEDD
- ☐ RAWLYNS SMITH
- ☐ REGINALD ANDALL
- ☐ REGINALD PIERRE
- ☐ RONALD O'NEALE
- ☐ THERESA MARRYSHOW
- ☐ WILLIAM BRANCH

PUZZLE 43

R W I L L I A M B R A N C H Y V M
L L A D N A D L A N I G E R L K I
J C L O S L E D Y R O G E R G N W
R U H O B Z L W R J K O P S Q O P
C E F I K E Z G S S D Y I P R A I
I A H H C P R S N F W W B R I S Y
K S A C X K Z T K C E P O I E S C
E U I T T V L Y R L A B A L C D O
G D Y O P E J Y L A S X R F C D S
A S W R C E L E N N N A Y K S E M
B M H A C N I F I N H D N X R N O
R P M M R N A W E C Y E J R Z H S
I L N X A D L R K N D A K O C T J
E S Y D F I K E F A W M C X H E O
L D O N C A R E E D B A B K R N S
C L L E B E F O N C R D D Q L N E
L O C O D N K A V T B A E M K E P
A A N T H O N Y N O E L N V O K H
R W O H S Y R R A M A S E R E H T
K H T I M S S N Y L W A R O E A B
E L A E N O D L A N O R D Z B B S
P D E N N I S N O E L K S Q G I E
Q X V R E G I N A L D P I E R R E

PUZZLE 44

THE HANDS THAT HEAL

- ☐ ADOLF BIERZYNSKI
- ☐ A. F. MIGUEN
- ☐ ALISTER GEORGE
- ☐ BERT BRATHWAITE
- ☐ DIAZ ESQUIRO
- ☐ DOLLAND NOEL
- ☐ DORIS JOSEPH
- ☐ FRANK ALEXIS
- ☐ KEITH JOHNSON
- ☐ KESTER DRAGON
- ☐ KESTER NEDD
- ☐ LAWERENCE GIBBS
- ☐ LINWALD FLEARY
- ☐ LUTZ AMECHI
- ☐ MICHELLE FRIDAY
- ☐ ROXANNE NEDD
- ☐ RUPERT JAPAL
- ☐ SONIA JOHNSON
- ☐ VERNESSA NOEL
- ☐ WINSTON MITCHELL

PUZZLE 44

V	J	N	S	O	N	I	A	J	O	H	N	S	O	N	X	Z
W	Y	C	N	O	S	N	H	O	J	H	T	I	E	K	E	Q
E	X	I	K	S	N	Y	Z	R	E	I	B	F	L	O	D	A
I	K	R	O	X	A	N	N	E	N	E	D	D	G	W	B	I
A	V	E	R	N	E	S	S	A	N	O	E	L	I	O	S	S
S	L	D	S	F	J	F	I	E	J	S	T	N	S	B	Y	W
B	L	I	J	T	J	N	M	H	I	J	S	E	B	J	R	C
B	E	E	S	A	E	Y	Q	X	I	T	S	I	J	T	A	M
O	R	R	Q	T	E	R	E	R	O	M	G	J	L	M	E	N
T	H	N	T	G	E	L	N	N	Z	E	X	U	W	I	L	C
A	L	D	O	B	A	R	M	E	C	J	T	I	L	C	F	Q
G	N	Y	I	K	R	I	G	N	D	Z	I	E	K	H	D	U
S	P	O	N	A	T	A	E	E	A	D	O	G	Q	E	L	L
Z	Y	A	G	C	Z	R	T	M	O	N	I	E	X	L	A	A
G	R	J	H	A	E	E	E	H	D	R	E	U	S	L	W	P
F	F	E	V	W	R	C	S	N	W	I	G	B	E	E	N	A
L	L	A	A	Y	H	D	A	Q	M	A	I	E	G	F	I	J
L	T	L	B	I	Q	L	R	D	U	U	I	C	Z	R	L	T
O	S	G	J	F	L	S	M	E	O	I	C	T	F	I	W	R
X	V	X	W	O	W	R	F	V	T	F	R	C	E	D	X	E
N	N	O	D	T	X	O	U	M	D	S	B	O	X	A	G	P
E	U	A	F	M	I	G	U	E	N	R	E	L	N	Y	S	U
H	P	E	S	O	J	S	I	R	O	D	J	K	W	G	F	R

PUZZLE 45

POETS & AUTHORS

- ☐ ALYSSA BIERZYNSKI
- ☐ BERNARD COARD
- ☐ BEVERLEY STEELE
- ☐ CINDY MCKENZIE
- ☐ DERICK SYLVESTER
- ☐ EFUA AKOMA
- ☐ FRANCIS ALEXIS
- ☐ GODFREY SMITH
- ☐ GUIDO MARCELLE
- ☐ JACOB ROSS
- ☐ J. ANGUS MARTIN
- ☐ JENNIFER HOSTEN
- ☐ MERLE COLLINS
- ☐ MICHELLE HOOD JULIEN
- ☐ MONICA SKEETE
- ☐ NICHOLE PHILLIP DOWE
- ☐ PAULA LEWIS
- ☐ RITA LEONE
- ☐ RON SOOKRAM
- ☐ WENDY GRENADE

PUZZLE 45

G N U M J F S G K U N G R F W W S
S C X E D A N E R G Y D N E W B K
D N W E V N I T R A M S U G N A J
G N B L P P R I T A L E O N E S A
O E P H I E A Z K X Y W S K P N O
D I W N N F K P O J K O L Q F I Z
F L F B H U R O G P N D T J Q L J
R U R F H N E E E D M P C A G L Z
E J A C E D T L L O A I P C E O J
Y D N I B P S E L P R L P O T C E
S O C N D F E E E D K L S B E E N
M O I D T V V T C R O I I R E L N
I H S Y Z L L S R A O H W O K R I
T E A M I M Y Y A O S P E S S E F
H L L C W N S E M C N E L S A M E
B L E K B M K L O D O L A G C W R
K E X E O C C R D R R O L F I D H
A H I N E T I E I A P H U A N I O
X C S Z O H R V U N R C A H O N S
T I N I W J E E G R O I P Z M A T
S M C E Z N D B Z E Y N D Q R L E
A M O K A A U F E B M M I K U Q N
E A L Y S S A B I E R Z Y N S K I

PUZZLE 46

NOTABLE MUSIC MAKERS

- ☐ ANGEL HARPS
- ☐ BLACK WIZARD
- ☐ BLAKA DAN
- ☐ BOYZIE
- ☐ BRYAN HURST
- ☐ CECIL NOEL
- ☐ DASH
- ☐ ELECTRIFY
- ☐ VALENE NEDD
- ☐ JELANI MOSES
- ☐ JEREMY OTTLEY
- ☐ KING AJAMU
- ☐ LADY CINTY
- ☐ LUNI SPARK
- ☐ MR. KILLA
- ☐ MR. LEGS
- ☐ SABRINA FRANCIS
- ☐ SCHOLAR
- ☐ TALLPREE
- ☐ TREVOR FRIDAY

PUZZLE 46

L X Y E L T T O Y M E R E J U U Q
A Y A S G H P P J F N D V A O H E
Z G A D T V D I E A G D D C A Q V
A B B D R F N P L P E E U Q T A C
Z C O Q I Y C L A Y Y N V E S N E
J S Y K K R I K N A F E K G R G T
S I Z C L K F S I N I N J C U E F
C V I V R F Y R M X R E J H H L E
A U E M J G W Y O X T L D T N H O
C W C S L A O E S V C A H V A A S
U E O K Z B F S E O E V C Z Y R A
S M D L V N H U S U L R H H R P B
M S A R K R F V J E E Y T O B S R
K R C J A O L A D Y C I N T Y V I
T R L H A Z C E C I L N O E L Z N
W A A E O G I G U T I P D W Z S A
R D L P G L N W F D A W A R K L F
J V M L S S A I K J K R S U F V R
S A U B P I B R K C U C H A X G A
W Q M N B R N O F A A J F S D U N
H S B I N A E U D K R L T T C C C
A L N I S Z R E L A G Z B C G M I
B L A K A D A N A B F F C W U F S

PUZZLE 47

CULTURAL ICONS

- ☐ ALWYN ENOE
- ☐ CAUNTE CALLISTE
- ☐ CHRIS DERIGGS
- ☐ DOLIVER MORAIN
- ☐ FRANCIS URIAS PETERS
- ☐ IRVINE CALISTE
- ☐ LAUREN RAMDHANNY
- ☐ LIVINGSTON NELSON
- ☐ MIGHTY SPARROW
- ☐ OLIVER BENOIT
- ☐ PAUL KEENS-DOUGLAS
- ☐ RICHARD STRACHAN
- ☐ R. KEENS-DOUGLAS
- ☐ ROBERT WHYTE
- ☐ SAM OGILVIE
- ☐ SHIMA WELLS
- ☐ STACEY BYER
- ☐ SUSAN MAINS
- ☐ TEDDY FREDERICK
- ☐ THELMA PHILLIP

PUZZLE 47

R I C H A R D S T R A C H A N O S
C P A U L K E E N S D O U G L A S
R I R V I N E C A L I S T E F I U
K I T E D D Y F R E D E R I C K U
E E T S I L L A C E T N U A C M O
E S I R P I L L I H P A M L E H T
N U Z E I V L I G O M A S L R Q O
S S K T L S G G I R E D S I R H C
D A Z E E Z Y G A T J H G V P O F
O N I P T I Z Y W F Y L F U V I P
U M F S I P H M L O O Y L W P N G
G A L A U R E N R A M D H A N N Y
L I V I N G S T O N N E L S O N W
A N A R K T S T A C E Y B Y E R X
S S R U B I B A L W Y N E N O E K
J E I S I P A U X C U I Z E D S Q
P B T I O N E B R E V I L O D Z R
Z B K C O X S L M P Y B B B T Q A
E H Q N N J S L L E W A M I H S M
C N I A R O M R E V I L O D K K K
S S O R Z E T Y H W T R E B O R K
P H Z F D D S C I D S D J C F B B
W O R R A P S Y T H G I M J K P O

PUZZLE 48

ATHLETES

- ☐ AKIM WILLIAMS
- ☐ ALLEYNE FRANCIQUE
- ☐ ANDERSON PETERS
- ☐ ANDRE FLETCHER
- ☐ DAMION DANIEL
- ☐ DEVON SMITH
- ☐ HALLE HAZZARD
- ☐ HOLLY CHARLES
- ☐ ISHONA CHARLES
- ☐ JUNIOR MURRAY
- ☐ KIRANI JAMES
- ☐ KITHSON BAIN
- ☐ KURT FELIX
- ☐ LINDON VICTOR
- ☐ NELON PASCAL
- ☐ RAWL LEWIS
- ☐ RENNIEL GILBERT
- ☐ SHERRY FLETCHER
- ☐ TILLY COLLYMORE
- ☐ ZACHARY GRESHAM

PUZZLE 48

E	H	O	L	L	Y	C	H	A	R	L	E	S	K	X	U	P
C	R	X	X	P	I	L	K	A	R	X	T	D	I	V	S	U
W	Z	O	B	X	C	Q	X	V	E	S	T	B	R	I	E	R
L	L	F	M	V	M	M	D	Z	H	S	Q	F	A	N	L	O
S	V	O	O	Y	I	P	J	B	C	R	J	G	N	A	R	T
V	B	X	H	S	L	Q	W	P	T	E	J	M	I	L	A	C
D	G	J	T	R	N	L	J	O	E	H	E	G	J	L	H	I
A	K	Q	I	E	M	G	O	W	L	C	R	R	A	E	C	V
M	I	D	M	T	A	D	S	C	F	T	T	H	M	Y	A	N
I	T	R	S	E	H	E	N	W	Y	E	K	J	E	N	N	O
O	H	A	N	P	S	A	G	L	R	L	F	U	S	E	O	D
N	S	Z	O	N	E	K	X	A	R	F	L	N	T	F	H	N
D	O	Z	V	O	R	I	I	C	E	E	R	I	L	R	S	I
A	N	A	E	S	G	M	L	S	H	R	A	O	T	A	I	L
N	B	H	D	R	Y	W	E	A	S	D	W	R	A	N	K	P
I	A	E	K	E	R	I	F	P	W	N	L	M	X	C	K	Z
E	I	L	H	D	A	L	T	N	D	A	L	U	M	I	N	S
L	N	L	T	N	H	L	R	O	A	A	E	R	B	Q	U	I
Z	X	A	U	A	C	I	U	L	J	K	W	R	C	U	O	L
P	Q	H	Y	E	A	A	K	E	L	D	I	A	S	E	F	J
A	Q	L	Q	H	Z	M	R	N	K	X	S	Y	X	U	E	R
N	H	B	K	G	Q	S	A	H	H	Z	D	C	A	C	G	P
M	K	Q	R	E	N	N	I	E	L	G	I	L	B	E	R	T

PUZZLE 49

SHE MADE HER MARK

- ☐ ANN HOPKIN
- ☐ ANYA CHOW CHUNG
- ☐ BRENDA HOOD
- ☐ CELIA CLYNE
- ☐ CHRISTINE HORSFORD
- ☐ CLAUDETTE PITT
- ☐ CYNTHIA GAIRY
- ☐ ELLEN SAM
- ☐ EMMALIN PIERRE
- ☐ JACQUELINE CREFT
- ☐ JOAN PURCELL
- ☐ LESLIE ANN SEON
- ☐ LEXANN FLETCHER
- ☐ NADIA BENJAMIN
- ☐ NIKOYAN ROBERTS
- ☐ PETRA ROACH
- ☐ PHYLLIS COARD
- ☐ SHEREEN HOLAS
- ☐ WAPLE NEDD
- ☐ WENDY CRAWFORD

PUZZLE 49

P	L	L	E	C	R	U	P	N	A	O	J	I	A	L	H	E
G	D	R	O	F	W	A	R	C	Y	D	N	E	W	E	G	M
N	I	K	P	O	H	N	N	A	F	F	A	I	N	N	V	M
B	S	C	E	L	L	E	N	S	A	M	O	M	U	S	L	A
D	E	O	E	J	K	Y	M	C	N	N	S	H	O	N	U	L
R	D	M	Z	L	Z	U	Z	E	G	P	C	D	N	I	T	I
O	R	B	Z	K	I	L	X	R	I	W	Q	O	A	K	H	N
F	I	E	S	D	U	A	H	R	O	H	E	A	D	O	T	P
S	S	M	H	L	G	X	C	H	H	S	P	N	I	Y	F	I
R	N	H	A	C	N	E	C	L	N	R	H	P	A	A	E	E
O	F	A	E	L	T	A	W	N	Y	C	Q	P	B	N	R	R
H	I	P	J	R	Y	E	A	G	A	N	D	F	E	R	C	R
E	W	H	G	N	E	E	L	O	X	R	E	P	N	O	E	E
N	P	A	A	B	I	E	R	F	A	M	X	H	J	B	N	B
I	V	J	P	L	H	A	N	O	N	S	S	Z	A	E	I	R
T	S	A	S	L	R	M	C	H	R	N	E	F	M	R	L	E
S	Q	E	J	T	E	S	D	K	O	I	A	Q	I	T	E	N
I	L	Y	E	S	I	N	O	V	U	L	R	X	N	S	U	D
R	F	P	S	L	G	A	E	R	W	S	A	L	E	Q	Q	A
H	Z	B	L	K	C	U	L	D	I	L	D	S	V	L	C	H
C	Q	Y	E	R	Q	K	D	N	D	X	Q	M	A	H	A	O
X	H	C	Y	N	T	H	I	A	G	A	I	R	Y	U	J	O
P	T	T	I	P	E	T	T	E	D	U	A	L	C	J	K	D

PUZZLE 50

VOICES THAT SHAPED THE NARRATIVE

- ☐ ALISTER HUGHES
- ☐ ANDRE DONALD
- ☐ ARUNA NEPTUNE
- ☐ BRENDA BAPTISTE
- ☐ BYRON CAMPBELL
- ☐ CHRIS DEALLIE
- ☐ CALISTRA FARRIER
- ☐ EDDIE FREDERICK
- ☐ ERROL MAITLAND
- ☐ GEORGE GRANT
- ☐ JUNIOR GEORGE
- ☐ KELLON BUBB
- ☐ KENROY BAPTISTE
- ☐ KIRK SEETAHAL
- ☐ LESLIE SEON
- ☐ LEW SMITH
- ☐ LINDA STRAKER
- ☐ MICHAEL BASCOMBE
- ☐ MIKEY HUTCHINSON
- ☐ TROY GARVEY

PUZZLE 50

E	I	L	L	A	E	D	S	I	R	H	C	I	L	B	H	V
A	D	V	L	L	E	B	P	M	A	C	N	O	R	Y	B	B
L	T	R	O	Y	G	A	R	V	E	Y	S	E	Y	P	E	E
I	O	R	L	A	X	V	S	O	O	P	E	T	G	L	T	G
S	U	E	I	R	N	H	Y	A	Y	D	K	S	I	S	V	M
T	M	I	N	U	P	D	D	P	W	Y	M	I	I	J	I	A
E	W	R	D	N	J	X	J	V	G	I	W	T	H	C	G	N
R	T	R	A	A	O	S	O	J	F	N	P	P	H	Z	T	D
H	E	A	S	N	R	S	Q	J	Y	A	H	A	E	T	B	R
U	D	F	T	E	W	U	T	Q	B	E	E	B	R	N	B	E
G	D	A	R	P	A	I	K	Y	G	L	K	A	R	A	B	D
H	I	R	A	T	M	F	O	Y	B	R	I	D	O	R	U	O
E	E	T	K	U	Y	R	X	A	G	U	R	N	L	G	B	N
S	F	S	E	N	N	E	S	E	Q	H	K	E	M	E	N	A
B	R	I	R	E	U	C	P	U	K	I	S	R	A	G	O	L
L	E	L	K	H	O	Y	C	H	N	K	E	B	I	R	L	D
L	D	A	H	M	N	B	R	S	M	S	E	T	T	O	L	V
W	E	C	B	J	V	B	Y	U	K	B	T	I	L	E	E	B
G	R	E	L	L	B	F	B	R	P	Y	A	J	A	G	K	V
T	I	M	I	K	E	Y	H	U	T	C	H	I	N	S	O	N
K	C	H	T	I	M	S	W	E	L	X	A	V	D	U	I	Z
S	K	B	N	R	N	O	E	S	E	I	L	S	E	L	U	T
M	V	Z	M	N	J	U	N	I	O	R	G	E	O	R	G	E

PUZZLE 51

ISLAND STARS ON THE WORLD STAGE

- ☐ AMANDA SEALES
- ☐ AMIKA PAUL LAMBERT
- ☐ ANGUS FRIDAY
- ☐ EUDINE BARRITEAU
- ☐ FE NOEL
- ☐ HAMILTON LEWIS
- ☐ JEAN AUGUSTINE
- ☐ JOHNSON BEHARRY
- ☐ KHAN NEDD
- ☐ LISELLE JOSEPH
- ☐ MARK FELIX
- ☐ N. E. BRATHWAITE
- ☐ PATRICK ANTOINE
- ☐ PEGGY ANTROBUS
- ☐ RACHEL PHILLIPS
- ☐ ROSALIND HOWELLS
- ☐ SIMON STEIL
- ☐ STEVE MCQUEEN
- ☐ TERRANCE GRIFFITH
- ☐ TIMOTHY ANTOINE

PUZZLE 51

R O S A L I N D H O W E L L S Q O
G W Z S T E V E M C Q U E E N Z P
Z S S E L A E S A D N A M A B Y H
J E T I A W H T A R B E N U D I Q
L Z R P L S I F E N O E L A H U Z
T I M O T H Y A N T O I N E A A Z
J E D D E N N A H K M F W T M J H
E P R O F A E P P G U R T I I O P
A S R R B C B J Y Q N O K R L H P
N I P Z A W P O M O J A R R T N A
A M T I Z N W W M R P M Y A O S T
U O D P L Y C G C A O A L B N O R
G N U A P L C E U R D E X E L N I
U S W H B Q I L G I O I G N E B C
S T D J S V L H R R L T N I W E K
T E N A A A M F P E I Y W D I H A
I I U T M Z S T F L W F I U S A N
N L Q B W U N K O I E E F E B R T
E A E W G C R R R K M H U I T R O
T R H N W A B N I W L E C J T Y I
T K A U M U D C R K Y H X A R H N
P E G G Y A N T R O B U S I R J E
Q Y L I S E L L E J O S E P H N H

DESTINATION 6
PLACES THAT TELL OUR STORY

Grenada, Carriacou, and Petite Martinique are more than dots on a map — they are islands layered with memory, meaning, and movement. From historic sites and the Kalinagos's footprints to the villages we call home, this section explores the places that shape our identity.

This section invites you to wander — through market towns, quiet bays, forts, and plantations — every place holds a story. Some are sacred, some familiar, some hidden — but all are worth remembering.

Explore the places that shaped us. Trace their names, feel their stories, and let each puzzle take you deeper into the soul of our tri-island gem.

PUZZLE 52

MUST SEE GRENADA, CARRIACOU & PETITE MARTINIQUE

- ☐ ANNADALE FALLS
- ☐ BELMONT ESTATE
- ☐ BOAT CRUISE
- ☐ CARIB'S LEAP
- ☐ CHOCOLATE MUSEUM
- ☐ FORT FREDERICK
- ☐ FORT GEORGE
- ☐ IRVINS BAY
- ☐ LEAPERS HILL
- ☐ NATIONAL MUSEUM
- ☐ PARADISE BEACH
- ☐ PETROGLYPHS
- ☐ RIVER ANTOINE
- ☐ RIVER TUBING
- ☐ SENDALL TUNNEL
- ☐ THE CARENAGE
- ☐ THE CATHEDRAL
- ☐ THE TOWER
- ☐ UNDERWATER SCULPTURES
- ☐ WESTERHALL ESTATE

PUZZLE 52

L L R Y S V H O L W U V S V A Z M
O E P F L I Z C A E E I B E N Z F
M K A O I P A A L S T K R S N G L
R B R R G U M R A T A C I I A H C
R C A T E N R I R E T I V U D L T
I V D G D D Q B D R S R E R A E K
V U I E C E R S E H E E R C L A B
E E S O P R Y L H A T D T T E P L
R G E R K W A E T L N E U A F E E
A A B G C A B A A L O R B O A R S
N N E E T T S P C E M F I B L S E
T E A C X E N P E S L T N D L H N
O R C E F R I T H T E R G S S I D
I A H X O S V K T A B O F F P L A
N C E O L C R G M T M F F D H L L
E E R L I U I G L E H K G O Z D L
C H O C O L A T E M U S E U M Y T
Z T F J T P R R N V N L S W C Y U
A B B P E T R O G L Y P H S T U N
N M U E S U M L A N O I T A N T N
P G O L L R A S B C S W V D E G E
N P K I B E N D G V L N F I B G L
X I E V A S D T H E T O W E R D L

PUZZLE 53

CARRIACOU & PETITE MARTINIQUE

- ☐ ARCHIPELAGO
- ☐ BIG DRUM
- ☐ BOAT BUILDING
- ☐ CAKE DANCING
- ☐ COAST GUARD
- ☐ COTTON
- ☐ FLAG FIGHTING
- ☐ HIGH NORTH
- ☐ KAYAKS
- ☐ MADAM PIERRE
- ☐ MAROON
- ☐ PARADISE BEACH
- ☐ PARENT'S PLATE
- ☐ REGATTA
- ☐ SABAZAN
- ☐ SLOOPS
- ☐ STONE FESTIVAL
- ☐ SUGARING THE PITON
- ☐ TOMBSTONE FEST
- ☐ WINDWARD

PUZZLE 53

Y	Q	G	R	Z	B	B	H	I	G	H	N	O	R	T	H	U
P	G	I	N	H	B	X	I	R	O	S	P	D	Y	L	W	D
D	Y	N	N	I	X	G	T	G	Q	P	J	K	V	W	C	A
I	N	G	I	O	D	C	O	S	D	S	P	J	R	H	N	T
W	O	R	Q	T	O	L	J	S	K	R	N	P	M	C	D	D
Z	T	V	V	D	H	R	I	S	A	A	U	B	O	A	Z	C
E	I	H	L	G	R	G	A	U	U	I	Y	M	I	E	O	N
R	P	J	M	U	H	A	I	M	B	O	R	A	J	B	Q	N
R	E	T	J	H	Y	J	U	F	O	T	U	D	K	E	Z	Q
E	H	O	Y	L	I	K	D	G	G	B	A	M	H	S	L	P
I	T	M	I	V	T	O	H	Q	T	A	V	O	U	I	D	Z
P	G	B	S	A	B	A	Z	A	N	S	L	I	B	D	Z	N
M	N	S	X	C	B	B	F	A	X	F	A	F	N	A	S	I
A	I	T	V	X	N	O	T	T	O	C	V	O	I	R	L	Q
D	R	O	U	U	N	I	W	A	I	M	Q	M	C	A	O	D
A	A	N	M	O	W	I	N	D	W	A	R	D	T	P	O	R
M	G	E	O	G	A	L	E	P	I	H	C	R	A	H	P	R
T	U	F	W	G	N	I	C	N	A	D	E	K	A	C	S	L
I	S	E	P	A	R	E	N	T	S	P	L	A	T	E	A	H
E	C	S	X	L	A	V	I	T	S	E	F	E	N	O	T	S
P	B	T	L	Y	M	F	L	S	L	L	U	J	Z	J	J	J
A	P	E	E	F	S	Z	A	P	N	E	A	P	F	A	Y	P
V	A	Z	D	M	I	L	D	G	A	T	T	A	G	E	R	J

PUZZLE 54

THE FRENCH LEFT A NAME

- ☐ BEAULIEU
- ☐ BEAUSEJOUR
- ☐ BELLE ISLE
- ☐ BELVEDERE
- ☐ BONAIR
- ☐ CROCHU
- ☐ GRAND ANSE
- ☐ GRAND BRAS
- ☐ GRAND MAL
- ☐ GOUYAVE
- ☐ LA FORTUNE
- ☐ LA MODE
- ☐ L'ANSE AUX EPINES
- ☐ LA POTERIE
- ☐ LA SAGESSE BAY
- ☐ MARQUIS
- ☐ MIRABEAU
- ☐ MORNE ROUGE
- ☐ PETITE ANSE
- ☐ SAUTEURS

PUZZLE 54

E	L	B	C	R	G	S	P	N	X	G	O	U	Y	A	V	E
I	M	A	P	O	M	K	T	Z	P	Z	N	T	T	Z	R	R
M	A	R	Q	U	I	S	M	A	Q	B	S	H	J	H	S	E
F	B	B	E	A	U	S	E	J	O	U	R	R	N	B	U	D
Z	L	B	L	M	E	M	L	M	N	W	H	J	M	K	P	E
V	A	J	Y	L	N	K	A	Q	I	T	P	F	O	I	E	V
O	M	Z	O	P	U	L	S	G	D	K	J	X	H	L	L	L
Q	O	U	I	F	T	R	A	S	R	U	E	T	U	A	S	E
M	D	H	F	E	R	Y	G	D	K	A	T	O	M	P	G	B
Y	E	C	K	N	O	Y	E	V	J	P	N	D	F	O	Y	R
H	P	O	H	Y	F	E	S	F	K	T	N	D	X	T	S	P
Y	M	R	N	R	A	Z	S	K	M	A	T	B	B	E	R	U
O	W	C	E	Y	L	R	E	N	R	U	R	Z	V	R	N	P
Y	H	F	Y	E	R	J	B	G	A	A	B	S	J	I	A	H
E	U	L	A	N	S	E	A	U	X	E	P	I	N	E	S	S
L	E	P	M	A	Q	W	Y	V	L	B	T	D	F	V	K	M
S	I	R	F	F	P	N	Y	D	U	C	H	I	X	U	H	F
I	L	P	Q	E	S	N	A	D	N	A	R	G	T	H	Z	V
E	U	P	Z	U	A	E	B	A	R	I	M	H	A	E	C	X
L	A	S	Z	N	P	E	G	W	U	C	G	A	D	G	P	S
L	E	V	J	T	M	O	R	N	E	R	O	U	G	E	O	H
E	B	T	A	P	U	N	K	L	V	Q	S	G	E	E	E	S
B	M	I	B	N	B	Q	T	G	F	R	I	A	N	O	B	T

PUZZLE 55

TOWNS & VILLAGES

- ☐ BIRCHGROVE
- ☐ BYELANDS
- ☐ CLOZIER
- ☐ CONCORD
- ☐ DOUGLADSTON
- ☐ GOLF COURSE
- ☐ GRENVILLE
- ☐ L'ESTERRE
- ☐ LEVERA
- ☐ MARAN
- ☐ MOUNT ROSE
- ☐ PARADISE
- ☐ PERDMONTEMPS
- ☐ REQUIN
- ☐ RIVER SALLE
- ☐ VICTORIA
- ☐ WALTHAM
- ☐ WESTERHALL
- ☐ WOODLANDS
- ☐ WOBURN

PUZZLE 55

I	D	O	U	G	L	A	D	S	T	O	N	Z	H	F	L	D
E	L	H	H	R	F	S	W	E	S	T	E	R	H	A	L	L
U	V	U	A	L	A	R	E	V	E	L	N	E	L	J	Y	A
N	C	O	I	Q	S	L	X	X	I	S	Q	R	G	K	A	C
F	I	J	R	L	S	P	W	L	G	G	A	G	R	O	T	Z
U	C	U	V	G	B	P	H	Q	O	I	X	W	E	K	U	N
T	D	G	J	X	H	G	M	G	M	A	T	L	N	C	B	Z
F	E	D	B	F	M	C	R	E	X	L	X	C	V	L	H	O
O	A	S	R	R	E	O	R	N	T	M	V	Q	I	O	P	C
X	Q	S	R	O	P	R	U	I	R	N	I	A	L	Z	G	A
I	J	V	B	U	C	S	R	N	B	U	O	N	L	I	J	M
F	P	P	S	G	O	N	D	E	T	Q	B	M	E	E	Z	G
R	B	A	M	V	R	C	O	N	T	R	T	O	D	R	B	I
H	I	W	R	T	I	E	F	C	A	S	O	L	W	R	H	D
K	Y	V	V	A	C	C	Q	L	O	L	E	S	N	J	E	I
V	T	P	E	W	D	M	T	U	O	C	D	L	E	A	Q	P
I	J	S	N	R	A	I	W	O	I	G	X	O	K	F	Y	W
M	D	E	B	H	S	R	S	N	R	N	B	Z	O	I	R	Q
V	L	K	T	F	K	A	T	E	N	I	C	F	B	W	T	K
Z	O	L	L	Z	B	T	L	R	O	I	A	T	K	U	T	B
L	A	V	C	B	Y	W	J	L	S	D	N	A	L	E	Y	B
W	O	W	F	V	V	E	G	Z	E	A	M	E	Q	U	R	S
X	R	J	N	A	R	A	M	M	C	L	N	Q	D	S	H	Z

DESTINATION 7
GRENADA'S ECONOMY: GROWING STRONGER, SMARTER, TOGETHER

Grenada is more than a beautiful island — it's a nation full of talent, creativity, and potential. From agriculture and tourism to education, trade, and services, every sector helps build a resilient, future-ready economy.

To move forward, we must grow more of what we eat — and export more of what we grow. From spices to chocolate, breadfruit to soursop. our food systems can power better health, stronger communities, and greater economic independence. A thriving agricultural sector also strengthens tourism, offering visitors a true taste of Grenada — fresh, local, and proudly ours.

Tourism remains vital, but its future depends on deeper connections to our culture, environment, and heritage — and smarter ways of sharing those experiences through digital tools and innovation.

The world is changing fast. AI, automation, and new technologies are transforming how economies operate. Grenada must embrace these tools across all sectors — not to replace who we are, but to enhance what we offer.

With unity, vision, and investment in skills and technology, we can shape a smarter, stronger Grenada — rooted in identity, ready for the future.

PUZZLE 56

ECONOMIC SECTORS

- ☐ AGRICULTURE
- ☐ AGRO-PROCESSING
- ☐ CONSTRUCTION
- ☐ CONSULTING
- ☐ CREATIVE INDUSTRIES
- ☐ EDUCATION
- ☐ ENVIRONMENTAL
- ☐ FINANCIAL
- ☐ FISHERIES
- ☐ GOVERNMENT
- ☐ HEALTHCARE
- ☐ ICT
- ☐ MANUFACTURING
- ☐ REAL ESTATE
- ☐ RENEWABLE ENERGY
- ☐ RETAIL
- ☐ TELECOMMUNICATIONS
- ☐ TOURISM
- ☐ TRANSPORTATION
- ☐ WHOLESALE

PUZZLE 56

S	X	S	D	I	N	S	E	I	R	E	H	S	I	F	D	U
U	R	R	H	V	O	J	Z	Z	W	A	E	S	P	Z	X	V
V	E	A	C	O	I	W	Y	O	F	G	D	G	C	X	W	E
O	T	F	T	G	T	L	W	H	E	R	U	N	P	S	O	L
E	A	G	W	T	A	U	K	E	L	O	C	I	T	E	Y	E
R	I	N	E	O	T	S	Z	N	A	P	A	T	E	I	L	S
E	L	I	T	V	R	D	Q	G	S	R	T	L	L	R	A	V
N	Y	R	A	D	O	U	L	R	E	O	I	U	E	T	I	C
E	Z	U	T	H	P	R	E	R	L	C	O	S	C	S	C	N
W	B	T	S	N	S	R	R	B	O	E	N	N	O	U	N	O
A	N	C	E	A	N	E	A	J	H	S	J	O	M	D	A	I
B	Q	A	L	R	A	R	C	T	W	S	V	C	M	N	N	T
L	S	F	A	A	R	U	H	W	W	I	I	O	U	I	I	C
E	G	U	E	U	T	T	T	Y	N	N	A	A	N	E	F	U
E	O	N	R	U	Q	L	L	P	Z	G	B	C	I	V	D	R
N	V	A	T	K	W	U	A	F	I	A	L	G	C	I	Y	T
E	E	M	W	C	Y	C	E	Z	F	K	H	S	A	T	D	S
R	R	M	N	W	I	I	H	E	R	O	T	W	T	A	L	N
G	N	Q	M	S	I	R	U	O	T	D	V	D	I	E	F	O
Y	M	Y	U	D	A	G	L	E	J	N	U	Q	O	R	M	C
A	E	K	E	Y	O	A	U	L	A	A	U	O	N	C	N	S
L	N	H	P	T	N	Q	S	K	I	Z	U	T	S	Z	Q	G
X	T	L	A	T	N	E	M	N	O	R	I	V	N	E	Q	Z

PUZZLE 57

INSTITUTIONS THAT GUIDE OUR ECONOMY

- ☐ CDB
- ☐ COMMERCE
- ☐ CPSO
- ☐ CUSTOMS
- ☐ ECCB
- ☐ FINANCE
- ☐ FIU
- ☐ GARFIN
- ☐ GIDC
- ☐ GPA
- ☐ IADB
- ☐ IMA
- ☐ IMF
- ☐ INLAND REVENUE
- ☐ NIS
- ☐ OECS
- ☐ TRADE
- ☐ UNCTAD
- ☐ WORLD BANK
- ☐ WTO

PUZZLE 57

H	S	H	J	Q	W	U	A	I	U	C	M	Y	B	I	K	R
Z	S	M	V	G	J	X	S	T	R	A	D	E	N	F	A	X
G	J	R	X	Q	E	G	S	X	Q	F	B	K	F	H	T	O
A	P	I	N	L	A	N	D	R	E	V	E	N	U	E	A	G
U	D	N	Q	Q	H	E	Y	W	E	Q	C	T	M	G	G	X
O	J	J	R	D	G	I	U	A	Y	Z	A	S	M	S	H	D
E	Y	T	I	Q	S	A	V	C	M	U	V	A	T	D	R	Y
O	H	E	F	D	Q	N	Z	S	C	J	T	E	E	L	J	I
C	D	B	S	Q	O	T	I	Z	G	T	C	L	V	W	S	U
W	T	B	N	T	S	N	Z	Z	G	C	A	S	X	Y	O	Q
R	T	Q	E	X	P	D	F	H	B	I	J	C	E	F	S	Y
L	A	C	Y	X	C	A	G	O	J	A	P	E	R	V	Y	J
H	Y	V	U	F	N	K	P	C	B	D	Z	O	Z	X	I	D
B	R	S	H	S	I	K	E	G	F	B	K	Z	N	W	C	K
R	O	J	Q	S	T	C	S	H	I	G	E	H	D	R	D	J
A	O	F	M	I	R	O	N	A	N	B	F	W	K	E	I	X
L	X	R	H	E	E	C	M	X	A	F	X	V	S	H	G	R
B	A	T	M	C	R	S	Y	S	N	T	P	W	H	O	R	D
F	A	M	T	S	P	V	K	T	C	Z	O	A	T	M	H	A
A	O	K	N	I	F	R	A	G	E	D	P	K	I	O	D	T
C	H	D	O	C	P	U	D	O	N	Z	F	N	M	K	A	C
R	P	W	B	I	M	X	R	Q	R	F	I	U	A	K	Q	N
X	W	K	N	A	B	D	L	R	O	W	D	C	S	C	V	U

PUZZLE 58

MADE IN GRENADA

- ☐ ARTISANS
- ☐ CHOCOLATE
- ☐ COCOA
- ☐ COCOA BALL
- ☐ CRAFTS
- ☐ DE LA GRENADA
- ☐ FURNITURE
- ☐ GOAT CHEESE
- ☐ HOT SAUCE
- ☐ JAM
- ☐ JOUVAY
- ☐ LUXE TREASURES
- ☐ NUTMED
- ☐ NUTMEG
- ☐ OMI
- ☐ RUM
- ☐ SPICES
- ☐ SUGAR CAKE
- ☐ TASTE D SPICE
- ☐ WINE

PUZZLE 58

S	G	R	N	J	G	Q	H	C	B	K	V	L	C	Q	X	I
E	G	F	Y	D	W	Q	I	T	Q	X	X	D	R	C	W	G
R	B	X	J	X	B	Z	X	Q	N	R	E	E	A	Q	J	L
U	P	E	R	U	T	I	N	R	U	F	C	T	F	Q	K	F
S	F	H	U	C	J	E	J	G	V	T	I	A	T	X	B	C
A	I	Q	D	Q	A	C	A	U	K	Z	P	L	S	B	H	M
E	O	O	C	N	D	Y	T	U	N	E	S	O	R	R	R	N
R	A	N	O	U	A	X	J	C	X	S	D	C	U	H	J	V
T	L	N	C	V	N	E	O	I	L	E	E	O	K	I	J	J
E	Q	I	O	S	E	T	G	R	P	E	T	H	T	H	Y	G
X	K	B	A	P	R	K	P	X	V	H	S	C	M	I	H	E
U	Y	L	B	I	G	A	O	C	O	C	A	N	J	U	A	M
L	A	Q	A	C	A	J	W	F	E	T	T	I	N	S	V	T
P	E	Y	L	E	L	S	V	T	N	A	F	P	E	H	F	U
K	H	X	L	S	E	M	A	S	I	O	C	K	O	A	B	N
V	H	C	X	K	D	T	P	W	W	G	A	T	K	M	Z	X
L	N	D	T	L	D	J	P	I	K	C	S	S	B	U	T	T
F	S	E	S	N	A	S	I	T	R	A	Q	A	S	R	S	U
J	A	M	L	H	X	V	T	A	U	V	D	M	X	B	H	N
V	S	T	S	I	H	S	G	C	B	F	P	G	J	I	R	W
E	H	U	H	P	I	U	E	E	U	S	K	C	P	I	H	L
U	L	N	H	M	S	U	Q	U	M	N	H	D	V	V	N	P
I	A	J	O	U	V	A	Y	N	K	R	I	J	K	N	A	R

PUZZLE 59

ENGINES OF OUR ECONOMY

- ☐ BARBER
- ☐ BEAUTICIAN
- ☐ CATERER
- ☐ CHEF
- ☐ CONTENT
- ☐ CRAFT
- ☐ DISC JOCKEY
- ☐ FARMER
- ☐ FISHERMAN
- ☐ HANDYMAN
- ☐ INFLUENCER
- ☐ MAS BAND
- ☐ MECHANIC
- ☐ PHOTOGRAPHER
- ☐ SEAMSTRESS
- ☐ TAXI
- ☐ TECHIE
- ☐ TILER
- ☐ TOUR GUIDE
- ☐ VENDOR

PUZZLE 59

S	S	E	R	T	S	M	A	E	S	T	E	C	H	I	E	J
O	F	D	I	S	C	J	O	C	K	E	Y	I	F	Y	C	O
O	M	I	Q	W	C	D	V	U	H	R	K	N	T	Q	E	Q
O	F	K	Z	F	X	P	B	N	H	N	S	A	T	C	C	V
N	A	M	R	E	H	S	I	F	D	R	S	H	A	S	B	E
Q	I	J	P	B	G	K	P	G	O	K	S	C	J	B	V	N
Q	U	N	S	Y	L	H	H	G	K	J	O	E	D	I	B	D
Y	O	R	S	W	A	T	U	T	W	F	Y	M	N	V	U	O
O	P	H	O	T	O	G	R	A	P	H	E	R	G	L	R	R
B	E	A	U	T	I	C	I	A	N	T	M	C	N	L	T	I
W	M	W	E	I	N	Z	V	T	M	T	A	D	Z	M	Q	Y
N	A	M	Y	D	N	A	H	Q	O	T	N	X	K	K	S	D
R	J	N	K	R	F	V	T	T	E	J	O	E	I	Y	V	F
L	Z	G	W	E	S	R	D	R	I	E	Y	U	T	C	R	M
R	Y	R	Z	M	S	N	E	N	N	O	I	M	E	N	Q	N
X	Y	M	N	R	D	R	K	C	A	R	G	X	Q	F	O	T
A	L	W	F	A	G	G	Y	E	N	B	E	K	Q	P	K	C
X	G	E	K	F	J	Q	C	L	V	E	S	L	W	R	G	X
S	J	L	Y	E	E	I	T	V	F	L	U	A	I	C	Z	A
E	D	I	U	G	R	U	O	T	W	Z	K	L	M	T	K	N
R	C	S	O	N	A	H	J	V	U	U	M	E	F	H	D	Q
H	R	E	B	R	A	B	Z	K	G	C	H	E	F	N	E	W
D	Y	X	C	U	F	Q	U	X	G	T	F	A	R	C	I	Q

PUZZLE 60

A SUSTAINABLE FUTURE FOR GRENADA

- ☐ AGROTOURISM
- ☐ BIODIVERSITY
- ☐ CLEAN WATER
- ☐ CONSERVATION
- ☐ DIGITAL JOBS
- ☐ ECO-FRIENDLY
- ☐ EDUCATION
- ☐ ENTREPRENEURSHIP
- ☐ GREEN ENERGY
- ☐ INNOVATION
- ☐ MUTUAL RESPECT
- ☐ NATIONAL UNITY
- ☐ ORGANIC FARMING
- ☐ RECYCLING
- ☐ REGENERATION
- ☐ RESILIENCE
- ☐ SUSTAINABILITY
- ☐ TECHNOLOGY
- ☐ UNIVERSAL CARE
- ☐ YOUTH SKILLS

PUZZLE 60

C H T T Y T I S R E V I D O I B Y
L Y T I N U L A N O I T A N W B M
J N Z C D C P R E S R L L J P S S
Y T I L I B A N I A T S U S T N L
E R T E J A S X X G X Y B C O P L
R U F A G P G C P Y G U E I I O I
A G Z N H T H Z J R N P T H Y R K
C U C W L Q P M E O S A S L L G S
L F N A E C Y N I E V R V B N A H
A L R T K I E T R O U H X L M N T
S Q H E A N A L N E S N A W N I U
R G N R E C A N N D X J A Q W C O
E A W E U U I E S K M A C V B F Y
V M R D T Y R X T P S I I M C A C
I G E U R P R M C X N I E V E R C
N P M R E G E N E R A T I O N M Q
U F P R E C Y C L I N G A K B I S
F T T E C N E I L I S E R A S N V
A N E K O T E C H N O L O G Y G R
E Z T S P N O I T A V R E S N O C
D I G I T A L J O B S S C B Z V B
L I C I H L E C O F R I E N D L Y
W A G R O T O U R I S M A I U V G

Abbreviations & Their Meanings

- ***CDB*** – *Caribbean Development Bank*
- ***CPSO*** - *Caricom Private Sector Organization*
- ***CUSTOMS*** – *Grenada Customs and Excise Division*
- ***ECCB*** – *Eastern Caribbean Central Bank*
- ***FIU*** – *Financial Intelligence Unit*
- ***GARFIN*** – *Grenada Authority for the Regulation of Financial Institutions*
- ***GIDC*** – *Grenada Investment Development Corporation*
- ***GPA*** – *Grenada Ports Authority*
- ***IADB*** – *Inter-American Development Bank*
- ***IMA*** – *Immigration and Migration Agency (formerly CBI)*
- ***IMF*** – *International Monetary Fund*
- ***INLAND REVENUE*** – *Inland Revenue Division*
- ***FINANCE*** – *Ministry of Finance*
- ***NIS*** – *National Insurance Scheme*
- ***OECS*** – *Organisation of Eastern Caribbean States*
- ***TRADE*** – *Ministry of Foreign Affairs, Trade and Economic Development*
- ***UNCTAD*** – *United Nations Conference on Trade and Development*
- ***WTO*** – *World Trade Organization*
- ***WORLD BANK*** – *International financial institution that provides funding and support for global development projects*
- ***COMMERCE*** – *Grenada Chamber of Industry and Commerce*

Certificate of Completion

Grenada @ 50: A Puzzle Tribute
This certificate is proudly presented to

____

for completing the journey through the pages of Grenada @ 50: A Puzzle Tribute — an exploration of our island's rich culture, vibrant history, proud people, and powerful spirit.

Your curiosity, dedication, and love for Grenada have taken you across villages and valleys, stories and spices, heroes and heritage.

Thank you for celebrating Grenada with us — one puzzle at a time.

References:

CARICOM Private Sector Organization. (n.d.). *The CPSO*. https://thecpso.or g

Discover Walks. (2023, May 24). *Top 10 most famous people from Grenada* https://www .discoverwalks.com/blog/grenada/top-10-most-famous-people-from-grenada/

Grenada Embassy USA. (n.d.). *Grenada's economy*. https://grenadaembassyusa.or g/grenadas-economy/

Grenada Government. (n.d.). *Government of Grenada official website*. https://www .gov .gd

Grenada History. (n.d.). *The French in Grenada*. https://www .grenada-history .org/french.htm

Hawthorne, W. D., Jules, D., & Marcelle, G. (2004). *Caribbean spice island plants: Cultural, nutritional, and health significance*. Oxford Forestry Institute.

Hughes, A. (2009). *The French connection: The legacy of French place names in Grenada*. BNCCDE Grenada Conference Papers, University of the West Indies. https://global.uwi.edu/sites/default/files/bnccde/grenada/conference/papers/hughes.html

Martin, J. A. (2022). *A to Z of Grenada heritage* (New and revised ed.). Gully Press.

Wikipedia contributors. (n.d.). *Governor-General of Grenada*. Wikipedia. https://en.wikipedia.or g/wiki/Governor -General_of_Grenada

Wikipedia contributors. (n.d.). *Grenadian Creole French*. Wikipedia. https://en.wikipedia.or g/wiki/Grenadian_Creole_French

Wikipedia contributors. (n.d.). *List of amphibians and reptiles of Grenada* Wikipedia. https://en.wikipedia.org/wiki/List_of_amphibians_and_reptiles_of_Grenada

Wikipedia contributors. (n.d.). *List of colonial governors and administrators of Grenada*. Wikipedia. https://en.wikipedia.org/wiki/List_of_colonial_governors_and_administrators_of_Grenada

Wikipedia contributors. (n.d.). *Politics of Grenada*. Wikipedia. https://en.wikipedia.or g/wiki/Politics_of_Grenada

Cover Photo Credit - Canva Pro

SOLUTIONS

PUZZLE 1

P N K Q Q Y S Z B V K Q V F M X P
P Y S M Q C I N E C S X N L P O L
U E R L C S K Y C I P S R A F I U
T G A W V Y D I V E R S E V H H F
F D X C Y I Y U P L P C U O L L R
M G A Z E Q B K V U X W G U C A U
B E C B V F D R M R B W K R C R O
S W A D X D U G A U M Y O F H U L
Y J G R O R B L N N Q T G U L T O
P C I R O T S I H I T R G L J L C
T M D E O O K G F M T B L O F U F
G R J A R D K J S V N N J F Y C Y
E O O X O P Z S A K G A A Y Z S M
R R J P J A Q D D S H W I H U S W
E T F Q I K V W S S P Y P N C Q K
S U K I Q C N K U A A U N W M N Z
I J V L E V A L M P F Y A X K I E
L P R O U D W L R C U E I D U I O
I B J U E M D V A V W I L U K D A
E I A S Q C P J W W Z R A O D P S
N G N I M O C L E W O G R E E N X
T F M X Y Q J I K W T U A K C B T
R Z H D C K J L R T L A R U T A N

PUZZLE 2

V P E C R Z W C E R B W T D F S I
W E E W K J W C G U C W N N T P H
L U I K E D T L R I U I T W A I T
I G S O U E S U Q K K K Y E I R K
I S U X D T V F T J K H O N L I Y
Z T O Q Z I Z T V I B R A N T T M
V G R R K N B C P A P Z H K C U C
M D E B O U B E Q A Q L V S C A F
L C N Q F O H P S B O U Y L Z L W
B T E C F M T S A W B F I U U I I
N W G F V J I E M K N Y M S P F U
Y P G O Q O H R D P I O A G D U F
D D F U N P C P O Q R J Q P U D K
N J R A Y Y L D N E I R F P K F P
T Z T U T I W Q L A Y O L Y H H E
G E B K S A K R P M R A W F U G A
T H M J E T E W D L H U M B L E C
Q R E L N J H T M U G U T N M Q E
F H S P O H A R D W O R K I N G F
Y B O J H D I H Z F S K D V B P U
V R P E Q X T W Z I F D U O R P L
S R C M E V I T A E R C Y C I P S
O A J D E T E R M I N E D W A P K

PUZZLE 3

E Q F G W J A O R P F U T U R E W
H R N A T I O N J N M U K G O G K
Y E D Q S X E V P I Y O P F G I M
T F A C V O G L Q A V C D J G K B
O R V R P R E W O B K X O E R R A
T L L T T D Z E Y V F I O C E K A
A W A W G B D W S M I V V F N R T
U L X E W Y E X H I I J I G A C F
K N H Y R P V A H R R B N Y D E E
S G Y K S B Q O T Y Z F D C I G X
F E O T R Q M A I N T V E Q A R M
I M T O F E S R A V I J P G N P C
B R Y I D Z O X G V G Z E A P R O
X O C R O K W D E A R N N L O I I
J R H T A R F V O V Z L D F W D N
D K E A K P O J L F B N E B E E A
T G R P J L C B Y S G K N T R L R
F I I D L N H Z F K G F C R U L C
A E T D M Q N U W M M Y E D L X T
L V A N T H E M T U T T U D Z J K
Y A G O U I C Q M S K I X L F G J
R R E C O U R A G E J N A W S T C
A B G M A B E R B W M U X Z J J Y

PUZZLE 4

X Q W I N D W A R D S K B U Z X I
O I E N I Z A G A M G B Z L U T O
L A S A G E S S E X X L E V E R A
D G E K E Y A C A B T I T E P C S
Q C B M G Q A O R K J W R H C O N
U G D F L N P F N G R S R Q B W B
L W C U X M B D H O B D Q O U V D
R E Q D N Z Z H X U H C O R C A J
T S M O O R G C U R Q K L V I E G
B L A N C E A U X É P I N E S P I
L C N T D U A T K M J A Q B Z O G
A Y P R R B B R O Y H O A F I C Z
C D A O Z G U R T I J T Q P T S L
K R N B H Q N J I I H U A S W E J
B M Y R D E X R S W S R E I E L W
A O K I R N V G A B A T Q X Q E Q
Y H D O I I I Y N D G D B V E T L
M Z U O N U V R I I U G T A I W H
H G Y S U J V S A K G S X S Y V O
E T B B D L E D B M C K M D L B A
J A E M J U L A V M A X N I O S N
Y I E S N A D N A R G T R I K C S
A W I R E T A W K A E R B G P R W

SOLUTIONS

PUZZLE 5

```
X K J B V B H E S I D A R A P J A
V P A R A C L E T E V J T L X H V
F W T E R A G R A M T S X C U U F
S E V E N S I S T E R S X R N Z V
T Z V O V O S Y Q Q L E V E R A G
S Z V L A U C O I N M S S H F O J
H H C R A G N A T E D N A R G J O
P K O O O K R A M X G O L D E N N
C T P N N M E E Z A H E C C C G A
W A U A E C P A F C I H P L E D A
R N P U M Y O W N X U P O T C V K
G N H A O W M R X T U I I I W E B
U A K E M E Y O D O O N S Y L Q V
H N G L H O W X O T W I X O L V L
R D N B M S U N L N M I N N A I X
A A K E V U W N K W A Q V E H C R
Z L S N M V T W T V U T E S N T G
A E Y I F K H K B C Y Z J N O O S
H H E A D J L G Z X A E I M T R G
T G L T F T B K E U N R P W F I V
L S I N S A U P V W D T M F U A L
A P A O B W O B N I A R C E T J K
B G B F N V R F K U X R H L L E X
```

PUZZLE 6

```
Z T I R O M T M K G O P Q W B N U
H A I Y E L I A B U R G U R G H A
P U A S F W H H Z E I J X R V O V
O C N F F E G W A B W X D X C D M
X Z I Q V Q D G T G Q H L R H T L
P K S E J O J O L F U W I Z M Q Q
Z J T B V L U P N Y Z P D E M C V
E C M S I U O L T S T M L L T H Z
M C H U H U M B J F C V R T G F T
J T A A B A E T P B I A Q X R N M
M U S U P R B N A L X Q M Y A O T
B M G T Q E S Y L I Q E S P N N Z
P E T N C A A E K A R U Z L B A J
V L T R A A U U P Y K Y M N Y B W
I A F S O T T Q C Q R W T O L E C
A L C K Y D E H T A W O D T I L P
C B A M P M N D E M R V O I U T Q
M U M Q N Y O E N R D R R P E M A
X O A A R G U J Y A I U É J R T P
G C B L C O F U O W R N A Z T U T
Y J Y A E J H Q F W M G E Z M R V
U U L A A L D N A L T I A M T M F
R N H B H G S Z B N O S L E N T M
```

PUZZLE 7

```
F Y Y B L C X V N O J Y M K B K W
G K U L R L A T A G H N R M E D B
S X Z B N X G I H G L L I C U F A
D G Y A F F F R R H S O Q C C U N
H Z K R L O B C E P D A K A O T A
S W Z N T I L R D N M J T Q U P N
A E S O W V F R E O A T A H L I A
I E V W D H I T C G L D S G U V Q
T F I L R B S K F E A B A Q P T U
O A C S G O I R E G M N H D R V I
R C W N Y N U G R H R N A D O U T
R C I F G I R O A T Q L O T D V P
A K O B T E U W E O Q U T O G P E
P F I B T N K N H C N I F L L U B
D R A K D P C N X C M Y R J G X H
D T C D C K Z N Z S U B B Z B O D
S U O T L L U G A E S O L M X I I
L V I B F L Y C A T C H E R M C P
E W K S R P M A T O Z L E T I K D
A G H K H U M M I N G B I R D B A
O J O Y W C Y O T I U Q S S A R G
B A D B S G H Q V B T H R U S H L
T F Q X N E R W Q Z P L Z E I G T
```

PUZZLE 8

```
H N N O Z Y N N E J M E K C I K A
G S D Y S L L E H S A E S O L T S
W I Q N M S S A L G A E S S J T J
M I Q M E Z F P V H E Y B C D R M
I B E C U M F D Q A K S K U S Y Y
D M S Z F S K A K W L F X L N S L
L A Y D W S S N M Z Q I S P A T I
G L E R L P C A A H K P J T P I C
B C X Y I J X V G C Z A C U P N J
A X G U V Y X D U R U W T R E G R
A L B A R R A C U D A U K E R R L
H R H I V H J J T U R S H P Z A O
A F B A R C A E S T R Q Y A V Y B
E E Y R G Z C G L E I C U R W O S
E Y G I X J K E K L D B K K U O T
N L H N T P S J L X O Z L J L N E
O B S T O C V T A E O B C U I W R
T B I W Z P K B W J W L A R O C K
S V F Q J O S X R A T I C T N L K
E F R A M S K A O L F P N C F R E
M N A D D L X R E B I R A D I R I
I O T F W V T F Y S R W I G S W G
L N S L F V N D N Q D I B E H C T
```

SOLUTIONS

PUZZLE 9

P N V D W J K B P O C Z O G T A M
A D A G A Z Y M T O E R R B O C P
S O G B B U Y G U I U E T B O L N
E D E P I L L I M F E V K L L O C
E S W Z D F U D H N Q N L C J Q A
A Z I E A X T E I D A I W T I R J
G D N T H E R G L B D J O T S W W
G U Z Y N G U R G A L P U A S M A
C H J R Y A S J M K N O Y H X X C
R R E W N J M R B O G D H U A W K
I O S A E T A G P A Y H C F Z A S
B I I M Y V G E N H X E B R J H H
O C O K U U Q A O I T L L X A R N
A A T U X S O U T R Y B M X L B R
D I R E Q A S B Y U D A H F U B A
F Z O M T E W O A F R G R O T L T
F J T K G Q M F P M A T D P N F I
D S X E F U C G H O F M L A A J B
U R C E L I A N S D A D E E R A B
F K U A V Y T C G V O R A S A Z A
O G M O L C F P P V Y I M X T H R
Z L A B A R C R E I D L O S X Q Q
T W Y E L M O N A M O N K E Y O R

PUZZLE 10

K H T Z M B G H F T J J J G G T N
Z F R A U W A X T O R Q W V H K W
C L U F I V L R Q N T M G Q I S I
Q A T F N G M E A A K Q E E F J X
O M B N F V O B N C M Z M T F R C
E B T O E T N J A S M D T H C O I
T O N T C A D Y N I I O U X C H O
X Y Z T O M D V A O X C N O V S H
T A Q O C A F R B B N D N B G A Q
W N L C O R T M A V U U B D L B S
U T E K A I D P V D T X N N P A W
O V T L S N S J J P E H F A Y L P
Q K R I J D N F A J A C Y S V A G
D M O S B V C L W P G L E H G C B
T R M E I K M B Y B B U L T B F U
Z Z M H Y D T Z O X U R L L I H F
N I I B A M B O O V Y O O U J H O
P I L U T N A C I R F A W B Y X W
B M A H O G A N Y J R H P B T L I
U W B R E A D F R U I T O O U C N
U H Q X D E E Z X H J X U U J G L
X S E P A R G A E S M F I D O A C
B O G N A M F Z G D S U U E F O C

PUZZLE 11

L Q S L R C S G F I D M G A I P W
B T Z E H X E S G G E A E S Q V A
D N O E S K C N X Z O O T I U A L
N A M N C F G P W A G A T E N Q L
M L B I O U F N M T Q B Z G P T E
S P I H R S E A C U R R E N T S R
E E E C P C B V R O N L Q F H A B
I M Y N I T X K D Q S P H R R V M
L A P A O A O N V T O B Y E O C U
F H G M N M J I R L U C D I A R E
D S G B S K R U B B Z N G N Y E I
N J F G K E M T M X A C E N C D B
A Q Q P U P L Y W E R T G B L E M
S P P X E I H T L L O B A A R P U
N C K T X M R O T A F S M C J I J
T Q I O R B K V D E O V N E X T F
L V V M V K U J E W N T C M S N Z
U P O I N S E T T I A L H H E E P
V I J M O N G O O S E Q I V Q C H
M G O N O O H C P Y K Z A V T C G
M O S Q U I T O E V K Y D E E E V
J U M B I E B E A D G B L T H D P
V H U T R F I R E A N T S U C J P

PUZZLE 12

E Q H X D V X B L U E P E T R E A
Q X X Y X I P J W B K D M V R I H
G L B L C X S E M B D X R B G F M
C L Q I B O P V G O F Q E O Q G U
P E W L R R R P D U A P I B I E I
F B J H Y A P A D G Z H S Z N N R
X E Q C U B Y F L A D W I E Y B U
K U V R T R O S E L Y U L B G M H
M L M O M O F E U N T S A D I O T
P B C T J M T R V V I A B S N C N
O B C K Z E A N M I J D M K G S A
I R W N A L G O B L V E F G E K E
N O C Q H I G T V L O S H J R C T
C C G H U A C O V E X E V U L O D
I M J D I D V R J A B R H S I C C
A C U M K D R C L L E T P X L Y O
N U S U C S I B I H Q R L Q Y W Z
A K Y Z E Z Q N E N A O E H U T X
I N A P I G N A R F A S K G S H T
M S W H O P M M X D X E X A S R K
G X Q G K H O L W R E E N R F K C
D E Q T R V Y I P U C R E T T U B
X I I N P M D I A N A T N A L T F

SOLUTIONS

PUZZLE 13

E Z L S G N U D V E M J U W S H Y
Q O I M U L P A V A J G Y X Q Z E
V A T E R Z W A T E R L E M O N M
H J E G M N U J N D J W G T W Y I
T A L S N M P O I S D O U X W F L
N C P K G I E Q G I Q P G Z G V R
P K P R R Z K S P N H G R O Z T I
V F A O A S S N C X S G V X Y G F
Q R E P N G A Y I B W E G F P G F
W U E T A K I P V T R U D L I R A
N I M A D G Z T O N S T S P E U K
P T M F I O I W O T W J L L B G C
X Q A K L Y H R U M E U P H P R B
T A M U L D P Y M Y M P H I R U N
H G N O A L J C M R A S N F Q P F
H J S N U O W A O D C N E R O A T
N W S M A E X S R I I B C F X L R
Y I O E Z T E A Z G E J E G G M X
H A K P K Q T E C J C J W B Z P M
O H J G Y S T O T E P D E N I Z P
H W O E U L E L P P A R A T S F W
L A W C O S E P A R G A E S C F D
Z F G K P C P H H F C D M E N P I

PUZZLE 14

A Z U I W H E B H E B R X L B K L
E B R K X D E K E L X K E A P Q C
I Q U M R H L R O P I W E N C N O
J K N O Q A T Q R E M K R A N K M
E F G C Y N T U F Z R O I H N U M
U U W I S E G E O J D Z C C V C E
E S H O F N H B W M E Q P C F V S
L T V O S H V C N E T L G A D K S
A P U O J S Q E L P U A T B Q Y E
A H C L F Z E Y A B A F O H S N I
M C N T B H A N U L O O G G O S O
I H G Q U L D B D I M A N I L L H
D W M F Y J U X X I L U G F K O Y
R K Q A S E Y Y Z A P N N J S A I
E R T M H K V R Y H Q I B D M N I
N Z W X B H N I L Q Q M H E H O L
F P T L A O A N W V H U V C U V O
B O Q V S T D E C D I N Y Q X G K
M Y V T O O N H E V F U M F R L M
Z K K O D T A A X Q Q C L Q X Q V
H R M P I O D L N K W S T Y F Z Y
R N O Q W J L G O Y G Z C I L C F
E L B M A R B O D I J B R A N G O

PUZZLE 15

Y I Z V P M X K P M A R O O N Z Q
E I Y E U K B V C H Q Y H N X M K
I A X U M P U H Y U P I C O N G P
C U N O Q A P S L I E X J G J G E
V Q Q C O E M E U S W N K C H U T
Z N B U A V T A S M G R Z B U I I
Y A J O M Y A A G O E N A J G Q T
Q P N C L V N S C U S R N K Y M F
H S X A C A I Z N Y Y S E T L J A
I F E M L S O U I W H X C A W L I
T U K P Z T U H M O S H S W V Y R
O S D M N Y R U F L S A P V I B E
Y Y K A M L A V M E K E Q P N K F
A T S T B R E Y P N M I N G I E I
I A I T H M H T U B X W H A E Q U
M E U U J Z A P I X X U E D O L S
J K R K R J U G W J W M L D S X Z
R R A U Y D P A A T L J M H H O D
K A P U E C Q M W S A C A L Z C U
R P U U Y E K R E S B O R B H T R
I O Q S H T B N N O V N J E I V C
I A G X U A E J L A M X B W S Q S
U H Q X Y E E P J E Y A L B O O K

PUZZLE 16

T J F N F U H X Y D D G S E E T I
Q U Z K C Z G M U H M V E K T T T
T E M B J S Z D T H J T L O E F C
M O O M V O D C A A U N E H Z R R
A B O F D O D C W O K E C L Y M A
O X M T Y Z N L C Y E O Q K A K Y
R J O B O A E U D O O N L C I S W
M Z O D B O O Z K B J P O M L C H
Y Q A A L C L H M A Y N R F F Q M
P N T C Z T E B B M M B O J E R S
N N F Z M V T X A W H H O A T O R
X C J O O K R M N Y J V G M E I E
E N O D Z A I S F O I P N E X P N
M K M J F X A J Y U W O O T W X K
W V H U Y W F F X P T Y O I J L J
P S N D A W F Z U L N X S N V F R
Z L E Y U B A U Z A A V R K P I S
L I M E A O Z O I C V A K R Y D T
O Z E S O B C B D S A N O D R Y T
T R A V O B O V S U L F W O R X E
X B G X R I O K D J A Z G E J W G
P K W Q M H R W O U G U S U C D T
W F D I L Y E D O K E P E B I H K

SOLUTIONS

PUZZLE 17

```
Y L I N K U P K L V D X N B I Q A
F C J H U S T L E V A M V C P J M
M K E Q X S C R H U G Z B P T G A
V N E R N Y V D Y F H K A E X A R
G P H I P S E B I V O H V E L N D
Q N A M T E E W S V S B E R I Z C
Q D H S G U S I H L T E Q C T R Y
C C H E C K Y O U L A T E R I E L
B W I O H B F F Z B S H O N C U N
X E X F Q R N L N Y Q D G E M B K
I D V K L G H T O W P E B O J N F
E X T B J F U S E L L V H D I L I
B E Q E C L Q V B K Y C K E E D C
S S D O H I O U R B P Z D X K J V
D W H I B M T D U C I I M A Z F X
W D G W S K R E H T L G P N V O U
M Y S S Y T J Y C S T G U G D J T
W A O N U N U A C A D V K P F B P
K B C M G J T O W R P F O S T B U
B T G Q O O J A E V I O V Y B G V
G P Q M Q A Y R B W Y L C X I X M
F K N N B G H P B C E L O W K E Y
Y E E G A V A S P I L B I G L Y P
```

PUZZLE 18

```
H U S S F A K B A L R É J V M S L
Q E D A V F O R Q G Y V W V Z B V
C N W D E U A W M U P T D Ò M C Q
H A M I C I Q I O A U H T T J U V
F O G H T U G N M H F K P K N F F
L G I K A N A T H D A A O P O B Z
Z R P O J M O B A T L A B U D Ò M
I E Z J M A W I A K K S K E T X O
N K U O P B G N L R T A J K Z M S
E Y K V J P N N S H S É A R P K Q
M D C J P A O D U A E V O N Y A T
N J N T A L J X L O I W D U Q K È
O A W D C A K O Y N M U I W I A W
S N É R M Y P O I A Q T T T M B F
N M J F F P S Z R Q G O U M W A H
O É A E P A Ò X S W H A C O E W E
K T K Q W È E F A K A S B E T E C
T T A M K O U V L E H X V T L H E
Y K K É G I B B G A L Y S V O K E
X U W M C S O P X N R M A R K O D
T È J W T L E S E P F T L I T Q T
J Y P O O T O O K O O J H J A F Z
W F F C P M V É T É T U R A I J R
```

PUZZLE 19

```
Y U C R E B N R Y P G E L V J A J
O E Z J A B J A B D Q M A M D E S
G P P S O E W D C L U G J G L K S
N C G O T O L P R M J V M O G D Z
A X A O V R C L X E E F P E N E W
I Q A L O G I T I K H Y D T V E R
S U T N Y R B N O R A C B D L O K
B J S H T P U Y G M D F A R M T P
U Q Y P S L S Z W B B A U P Y D G
N L V I X Z X O H D A T U E A N B
O C X I Q D G C L B I N N Q C A O
G W J Z F G È L È B C T D M Z L N
N C S R O L I A S D U S U S N E G
A M V U Q M A T G H H R O Z O E O
R K O G O X A P C A D O L S J H V
A U A K K F X O K G A D N E L A K
P T G F O P S E I V G D M D A M Z
U Y H P Z J S B I H K U Z X C V S
K N O Y A P U W H M K O V C O W R
B I G H E F V M N U Z E Z O S R P
J N X A Y B U F B Z P P D L D G U
A A R H Y T O B H I V T F C I E W
V E Z W T V P L Z B E R S B O M F
```

PUZZLE 20

```
J I Q V G R G Z D D F N F S Z R C
Q V L A C G B G L T I K Q N U K V
M P N F S W S U K U Y A N T E D A
Z A N J D P T D V Z N E M M F E L
Z S E P A O E I G R R N A R Q A I
M S W U E J E M M B Y M I J E Z G
O H D O B A W Y S T A C L K O M A
C A W E E B R W U G I W O K T E R
O N L D I M S Z L F F M L Z S H O
J D D L B O R O E A S B B S P I O
U P E B M L M N R M D W E W G X E
M H A A U A T V K U E L P Q A C A
B I L C J S H W S I B H O N C S Q
I S E C O S I T D A T V B O A B E
E M R O R I E A I X V U K I N X C
U P M O Q E L D E J S D O S A L E
C N A P I A A F C H Y B F S N Q A
M W N Q M L A L B G K L P E S K M
P V K A L Q T A D W I C X S I C H
B R M J M O T N C U B E W S V F H
Q A N S V H L N B M A L J D E G F
M E D O L A W E R E N C E P E K L
D Q E S B W A Q D O B E A H L W S
```

SOLUTIONS

PUZZLE 21

K M D L U T H E R A N C E S C M N
J D O G F O H C R U H C V J X E S
U F R I T R S W Q E T N A O V L C
W T A D S R F Y U C J V N N C E W
N F S U I D V T Q N E E G N G G H
A B T N T L G Y V E H P E O G R A
I P A A P T H M F I O S L N I Q E
R X F C A S W D B C V N I K Y Q B
E R A I B I T C V S A A C J K B O
T O R L D T M J M N H M A N J P W
Y M I G Y P Y T S A S R L S C H T
B A A N U A E W I I W O H M O J S
S N N A Z B L G H T I M K M Q G I
E C I L M L A K D S T G P F M M T
R A S L S A T F D I N Z Z N P Q N
P T M F I U S D U R E I R Q I B E
V H G W A T O L B H S R J W S A V
G O J C D I C R A C S U F B L J D
O L K C U R E J W I E M D K A C A
A I L U J I T O S E S N Y F M F P
Q C E H D P N L H I N D U I S M X
X J J D X S E T S I D O H T E M M
N N O E Q S P Z W C C K M K Z N W

PUZZLE 22

A F C L W H S G C N I O S L A P S
X Z W E W H T C F B L Y I K L F G
E E L I C L O O R G L R M L B M N
X L S O E Y P E J E V E A Z V A G
S D N M M L R G Q H G L W N M X Q
G U G D E N E C H Q B L A E Z D N
I S G D T P P K B X O I J S C Y B
M C E A E A P A N B U T O N C X M
P E M L R T O R F N C S U O E A B
S N S P I M C I H X A I P N S Q N
M O H D E T I W C F N D A N U Z Z
J T A E S S E L C B D M N A O I W
Z S D P T U T L L E M U D C H X I
F T B O R Y O C A S A R Q S T M N
W E R M O X S F U C M C J H A W D
D H H G F W M R D D S C A N E V M
A W Y P R M I Z Y Y E H H M R C I
B E L L S V N R J F T U S Z G X L
P D J A N E T H O U S E Q I Z X L
S P W N L I K E M I L E H A F W S
O K W A T E R P O N D S P R E I V
B O S F F K P E T R O G L Y P H S
R G D V O H J W A T E R W H E E L

PUZZLE 23

Z S H M R O O E N G O L U O B G B
G P M A I J E K Z B N S S C B E T
U Z U T V W R U F O N E T T A Z I
B C H M E L E Q D N Q U E U U E U
J R E K R L D K P N X E S A C K V
N A R S A A I M J R E E P V E Z T
L Y M F N H V Z G F J F T O D S E
D F I T T R L M L O Z I E E H N S
C I T Q O E E P U E E S C N I J J
T S A N I T B R F K T N U L R N Z
E H G I N S J F P T A A M L B O J
L B E A E E E E B S C R G G E I M
E A I T H W Q N I H E A C E L R E
S Y J I Z K S A R F E X O W M U N
T D H R O L L E N O A I J O O O B
E F W A X P U U G I H D K A N E J
R I L M Y I D O R D A T D U T X S
R S P A N G S N I A L P M W J R X
E E A S J T Q Q C K K T P W N I W
T F P R G B A N O T S A L G U O D
U O F N O N X C X U Y B L A M Q R
F D N O M A I D V Y G Z A R N W P
V K K H E H T E W M U H T L A W N

PUZZLE 24

O K A X F E F I X E P G P J C H Y
Z O K Z H V F N D T B K S O M J K
D R U M M A K I N G Z Z W M P B W
S F N V T T J Q W Q K K D J O G V
C T T A N O I T A P I C N A M E N
E K O X T D X P M C X W E X Q U L
H N K E T I D V T P P U S U S U E
I T S Q K Y O E E Q D Z X S M U V
Z E E W J E E N Y U I A L R A W O
N N M W J K N F D C J E K C R G V
T U E T Z N D T E A R R O A N Q N
D V P X V O P Y E R N N V A R P Q
A W U I H M O V O W K C H L I A H
T A H K M A F S S I B S E L J V S
A S R A U N V R E O B S U W U E R
E Q V X R O Q H A X R T F A Q L S
B A T L D M I C Z O N Y V N Y R F
O X U W G Y V S T A S A O N R L L
R P N L I R N S C D S O O F Q Y W
F X A T B P E I I S R E P Z V X N
A M L O Y C R A A A M A B O U Y A
S J O E N F R C M V L R S W N J H
M P K A A B F R E E D O M C F H Z

SOLUTIONS

PUZZLE 25

K B E L M A R B D Z T T S C B I U
U N P P C G C D W D E B O U R G M
A P A J L A Y E R R W G I V J Y F
E D Q Z U Q X G Y U R C T A G T L
T D E M I O M A X A T Z Y O R N A
O E N L G R L N X E J J A B G O M
C S E Q A U B N Y D U I V E H E O
E V F D H M F E X E F S N I I L T
D I L U Z E O S Y B G W C M X Y H
O G N B O D Z T J C I I L E D K E
N N K O X A D T H U B A H F E Z W
K E J I G N L E T E D C C D S O F
N S T S X E Z A Q H U U Z M I B R
X C L N R R G Y R O L W M J O G J
K U G S J G T M T X F C S O C J O
E Z U Q N A E A F N W D T P N H N
P O I X W L L O Q H D B B A A T Q
B O L L A N G A I N E C E N R F Y
O C L U I O G E B I L H R T F Z N
X G A I Y A U T H Z A L N O M F R
A Q U J E R R E I P M V A I K H Q
M M M X Y B K B J U C H R N B U M
F K E K N M Z K F K B M D E T X O

PUZZLE 26

P P V G J S O W M T A F T M M T K
E C R R D P Z F E S P T Y C T F A
K S V A D P X M R N I W G P M E C
J K L N A O U Y O Q R R L D A I M
G T Y T E R M K S M E L B C C T M
H Y I F R Y R W S G E P M Q K W A
H J X A R Y U Q O B I S Y X E U C
S R Y C S A A R P W L G H U N W L
O I H O U H S M D Q O L F Q Z H A
T A D R Z T A E M A O G A K I H R
N L L L G C M T R A Q N Y C E A E
I C A E A A D M T G Q N R D C S N
C N N Y C N F B X O X R A J F M Y
A I L L F D O J E K C V G C N T E
M S E Q D R L D O Z I S W R V R A
J O X L E C Q E C D F W Z C I A Y
D S E E R Q I U S M I O S W J W H
I W L Y O J R O O T X A K V O E F
I H H R O W N H Z D G U B W T T S
P B V E M P L P X L B U Z Q G S C
C G Q I D N A L R A F C A M D Y P
V G P I V T V P Y M U F B Z J W E
P G M A C K A Y Q S A L G U O D K

PUZZLE 27

T D V Z Q K Z Y H J V U F B X D Z
D E R A M J O H N F Z O B V Q C H
Q M I R J A H O M H O N N X F W K
A B L V W N F A K D Z N U L I O Y
N J X C D K R W L Z N Y A C K J N
U U K A J K B A K C O D T Q L G N
Z J L J O O J Y N A W H G A B H A
N I Q O J A P A L A O R L Y D J H
T Z S D K H H R O E A B N P I Z D
Y R R A H E B H B S E A K K B B M
Y G Z J B A K J S H K L Q U A G A
V O R G F P S E A S W D M L Y K R
M K E P V A S R I V V E E A J T P
A B R N Q S I B L T O O D L W C D
L X V M A S G B P M W C U S B S G
O Z Y B I R L P O Z M E M I L X H
H U C N X K A J E M A G S N A Z L
B G G K R M G N S R W U T G L D O
S H V M M O H O L A S K D H D I U
M Q Z I I X D J S A D A L W E I F
N R H L V L U N V X V F U H E G Y
I D G A U G N E C M J S O D C G B
L Y P S F L G S Y R W R K J Z Z Z

PUZZLE 28

S O N T X M V Z K D O W J I T B F
S M T N P B G R O H K Z C A L X M
K C U H O A E N A V I M G O N E Q
S I R T R I F R C H N W O S N E I
B M E E D V T F Y O C D L I V N T
W E V I V M B A I I Y A N L D P Z
I D O T P T E S P M V Y R E A F B
H N L F U I A O O I T F P O E R R
N A U I X V M N R X C E H D N Y I
L P T F N I D R I K N N O D K A T
L U I I G A A S D D S N A E K K I
L I O B Y N O E E I S R S M L X S
P V N I A P P N L R P B Q Z E M H
S O J I X W C O E U P S Z C Z D R
Y C D E J E P B R E R S W I O R U
U N M P G C E F G V N H L U O U L
I X T R B L X S O Q D L C B H Q E
O T F S L E B H C P L N Q N Q N D
R H H I N M I S S W O R L D E V U
R U O I Y N O L O C N W O R C R O
C N Z J G U D E R Y K S E E Y R F
D Q D L O G C I P M Y L O A D I J
D B L O O D Y S U N D A Y L W O E

SOLUTIONS

PUZZLE 29

```
Y L B G Q Q F K B H H D E V V Y M
I N D E P E N D E N C E M T T T I
B C X I L T C I L A W I D G H I P
X Y H A N B I S D U S X J V A C E
C G A R S D R E G A T T A R N W D
F F U D I S I Z O S S N U Z K O O
N Z F C I S R A U Z A U X U S B T
U M I J N R T A N E H M W B G N O
T D S R U O F M E A G E F D I I K
M S H L N S O H A Y R A M C V A G
O C E N K T G R S S W R O F I R Y
T N R F A P A I A I G E I F N P V
H O M M E A F L O M F G N V G T S
E I A S C T P X W I T N C G A K V
R T N W Y R A S E S I I M V D L O
S A S H A I R L F N S L F T C R S
D P U J D C E I O N M I X O E N N
A I K W R K T U D C Z A H J V H T
Y C E G U S S A M J O S H K E V D
M N T L O D A D J G N H U P T H R
T A U I B A E T Q J G B C Q P I G
H M F O A Y F A T H E R S D A Y G
W E E Q L Y L I K F N M I L D X L
```

PUZZLE 30

```
A B F U E H M G G Z C O X V W G G
I O C J A H Y X X V C R T W O L S
G I Y J Z P O I N S E T T I A L P
O L O C O P B L X B U F X H O P U
N E M H S W Q L N L M R P R U Z N
G D H R L J Q J G S W W A W P H C
G H H I D P U Q N T I C Z W S R H
E A G S H A S Y O E M K A Z V N A
Q M B T S R S K L E I N S P R T C
I O X M J A P V F L D A G W E P R
Q A C A L N I G T B N L N K E Y E
E N U S L G G W G A I E I S B R M
Y T R T I N E K S N G R T A R S E
T C T R G Y O W P D H R N N E T I
S S A E H W N T V I T O I T G R B
R T I E T V P Y B Q M S A A N I X
P N N S S A E K O E A K P C I N L
J E S S Q M A E E K S V E L G G F
Y S C M W T S N Y X S R S A A B F
Q E F H U U R T L T B Z U U K A W
J R V U D R U N T D X H O S L N X
C P E N U M Q A N P C Q H V O D F
K J K K O D E K A C K C A L B K N
```

PUZZLE 31

```
F T P S X D Q Y O P A L Y T N B A
S N S S E O O I D L W M H E F J G
N T A E U S O U R S O P N O K D Q
D U N R Q Q E Y M K O A U V Q N O
P E T C I P L V K A M S X X E O B
O G A L P C F Q A R R C G X R W P
A A M L A M C Q E E C I Y U W L A
G S A A B W T T L A L E J U C L J
V K R W E G T V E L L T K U O A I
A C I G Z E O V M L E H E E A J I
D A A N B X W O O E P H S L P N S
N L P N E D U W N S Y G I V T T A
O B A J A L P I G N G L P U Y U M
K M W L D R U B R C E I U D Y T C
A P R A I M W B A O E D N T T Q Q
R G Z C M D S T S P E T E G S C Q
I M K V Y M G P S K W A L S E G J
L L L C F N I Z E Y L H P U I R T
E Z C O U S I N M A H O T P K O P
E Q K U J U P A P A Y A H N P B B
T S E V A E L S A E P N O E G I P
T O O R E O J D U K T P D P L I P
I N O N É D N A B N O B U U Q F G
```

PUZZLE 32

```
E A R C C X P A M C G X Q Z C C C
Z E I I I E I C U O L E L A V D Y
A C C A T N M I U C I Y G V I M B
M A H H R D E D N O P Z F R X I U
O I E G U I N N N S P B D N X B X
R L R T S O T I A N I U C M V K O
I L I H L S A A M U A D V T M M N
N A A E I C R R U C A D A C B E U
D A G O M O A E C I L N S R U C R
A I R B O R C F I F B C O R Y A E
C R A R N E E I S E A X O M D R N
I E N O F A M G P R L L B I I I A
T V D M N A O N A A A O T K G C L
R I I A N L S A C E P I T C M A O
I T S C L A A M N O N F T J K P B
F E J A Z T N A G A G Q Y N S A A
O P O C N A L O L E S W C A D P T
L S Y A J O N O V E M F V N J A A
I O G O B R C L X C Z H C F L Y X
A R R A V I T A S S I B A N N A C
L F T O C A J A N U S C A J A N B
P A D I P A S A I H G I L B Q O P
V H A T A C I R U M A N O N N A K
```

SOLUTIONS

PUZZLE 33

S F Z I Y A Q R R Z D D G A E P R
P G L B A Y L E A V E S U N P G R
M E E P J C I N N A M O N T P H E
V N Y V U X M I N T E I B A O H P
A O E X O O K E Y V C D M E Z N P
V K V A E L H V L H I D O C J A E
F T G V N I C R O V P O L A Q V P
S U M M A N K N E C S Y K M M Y T
L R K N K T A E B I L R A O W X E
N M I M I O Z T C U L C L Q B G N
D E L O R N I T T I A B Q X A F N
Y R Q R P K A A C O L C V H S J O
H I B T A A Q R Z H W A U T I D B
A C P E P B S A G A J K N Y L T H
J P Z Z X E Z S T Z G F R T F Z C
B U T K D A S N A I H A S R R O T
C S N G N N O U N R M T G F K O O
F V W D N G S G G E G E M Y H T C
R B A Z A Z E J S G M N K D K G S
L W V R L R M O I T Y A O R E F V
B Y R V D S R F U S O V D M A E U
F A L X M Q U N V R U X Q G E J I
T O E G I N E B N O D A H C Z L R

PUZZLE 34

J L W L W Y M D Q X O A Y O C S S
T T T U C A L L A L O O S O U P R
A I F C R A Y F I S H B R O T H H
O G O T M W M S V V D Q L G Y S B
G R L P I Q R W X P Z T U S I R E
D E S L I T O R G Y E C F F O U E
E E A E D I I U S G W C T W Z T X
I N W K B V U R M Q O L N P Z Q F
R P U A M P C R I W A D M C F C R
R E M C H N I M H S O S A E B P I
U A F H P S S E D W G M N K J S E
C S K S L D E N N A H O I D Z Z D
A S W I X L A S C K R K S S C R B
K O K F S G U E I D I E H H O D R
W U A O I K O K W B C D W P R U E
M P U F N M C A S U E H A U N T A
U S F M W A U B L U A E T V C I D
E J T D O G O Y A L N R E O R I F
U V K A D P C L E I D R R F O U R
F S X J L C E L U S P I S Q C S U
H R L R I P B U E V E N W Q K Y I
G K R Q O S A B B N A G Y B E E T
Q E K C A B B A R C S V H S T H J

PUZZLE 35

S H S M V P J G M I L K F U D G E
U L F P M K Y S O W S X R N Q V E
N O L T O D V U U O R U U A E P N
N K F A I R T L Q V N Q P V W E O
R A Z V B P D T D L B U I O C J P
U J Z H A D Y U R I S M N P Y H O
H W U C D R N G Q Y N F E L K E T
S N Z Z A V B I W D W K A Z B G A
A C Q C T Y A D R N T X P L B D T
I Y I U A G N L S A O B P G S U O
Q U I R A M A C N C M T L S N F P
T A E R E C N M V T D A E U O R P
R Y C E S O A M I U A D T U W E P
A A U N E C F Y D N X S A M C G B
T P T T E O R C T O T M R H O N X
T A C R H N I G W C P S T X N I K
U P A O C U T J P O F W Z G E G Z
N E K L A T T H Z C N N E N P G A
O N E L V F E S U G A R C A K E P
C W N G A U R G Z G S R H N Y S I
O Q E X U D S N J P I H C P I H C
C A Y T G G W J Z U D N G T G L X
W H T N B E B U N S U D O J V V U

PUZZLE 36

H M A Q I A Y X X D M O C Q R S L
F S A P O D I L L A L U X Y T S L
E V K Z U L R J Y U S F X A R C Y
P T G I O A N C R T N L R G N O L
U V S K I N U P A S T F G O X V Q
O M G J M X C R O P R Z L J N B Q
L M U L W X D S O U C E H X B I T
A D K L U A O S I L M L O K L I Q
T J U Q P U W T D R G F W N U J C
N Z L P R E P Z E I U G D R H D R
A H L S D B N T C K Q G F L R G A
C E O Q W T A U P E A N T Z R N E
R P Y K X W S I J Y O Y D A A G L
W J X O O Q N W A I F W P N M T P
D T O G Z E S P S C C E A W Y A P
R Y N X A G A S J B F B I C J M A
Z A T P U P A C E R Q V A D O A N
M J P A X P S I U M D P Z L L R E
K L V Z A F A I O L X I Q Z F I D
E A O Q Z C T G E C G U Z K U N L
U O K S P O M E G R A N A T E D O
W S E R V I L L E O R A N G E H G
Y R R E H C J P L R D L E W X O D

SOLUTIONS

PUZZLE 37

O L B C M J S I D Z A M A U B Y V
Y H P D A E T A O C O C X X L J L
C V R M F R W H R L K O Q V B X L
S C A N E J U I C E X S M A U P E
P Y Y X M C T A Q X I J X S J A M
Q K F N E C I U J E M I L O I S O
R E T A W T U N O C O C Y F R S N
P E T E E J J X D X H K W P I I G
A M R U G B O B A N D E E U V O R
P E N Z K F J S G J W L A B E N A
L R S E O K K S O W M L A F R F S
Q C H F H I D O C L Y R J W S R S
E A W D W O N M U X W E A G R U T
L H G N E X M A G Y N S K T N I E
A C Y A T B N E N O M T O K N T A
B N Z C F L H S M E L U W G Y J S
A U G Y W U A N F A R A U F B U Z
B P H C N U P M U R D M I I U I Q
M V O K L M Z U E D A E R N D C T
C Z G N A E T H S U B A W W A E U
S A H S A B A B R M C M H I F T K
B G A U S O R R E L U W H M N V Y
T X B Y N F G J B G Q C V T M E K

PUZZLE 38

Y W V D B J R Y Y B E N J O N E S
K N N A N A E L G E L Y L R A C N
B Z I O V T G N B B I K O P H H O
C Z C D Y S I Y R I A G C I R E O
M V H O M B N W M J Q A S F W R C
K N O H H R A E M P P O R Z V B S
M A L L H P L T T P C M O M Y E L
H Z A K G Z D R D O J S B L O R U
I I S E E Z P T I H X M E E E T A
L R B I O Q A N C S O A R O D B P
D B R T R T L E K I Z I T D A L J
A E A H G I M C O B Y L M E N A E
B G T M E L E N N E U L E G E I A
Y R H I M L R I M C E I L A R Z N
N O W T A M K V I I A W V L G E D
O E A C C A G E T R A L I E A J E
E G I H A N E S C U F E L X L V F
J D T E R T B I H A L I E I E T A
W H E L T H I A E M P N Q W L U U
E X Z L N O O L L X J A K Z I H D
L G X L E M A B L Q B D T S C J O
T R E R Y A T Y U Z E F A D E C A
W B E W G S D H U H Q V C W C R S

PUZZLE 39

P E N Y L L E C R U P N A O J V I
J H F R A N C I S A L E X I S D W
W O H S Y R R A M E C N A R R E T
E P H I N S L E Y S T L O U I S R
I M J N V A R X V I D Z W A A E A
K U M G W L T O U D U P F T M L P
G C K O T A J K E M E W H I A A H
R L I O H U T N S T D G W Y R E A
E L H R X D E T E S I C N Y C S E
G A A X E L U R S N Y N P E E Y L
O D B J P D D E K N A G K R L R F
R N Z A A A E K R H V R Z A P R L
Y A W X V B E R D P U C P F E E E
B H E I H R T M F B T K I O T J T
O P D L E T A O M N G R Z K E U C
W E T D Z R O I B G O Q E L R N H
E S S A N X Z X S T P T N B S N E
N O E E A A G C O O Q H S A R F R
M J D T N N I E J R S C F N S E R
E Y P N I A B S I R R O N C I Z H
L I N U W I M X T I Q Z N J X W B
W I N I F R E D S T R A C H A N R
Y W F D R A O C D R A N R E B O H

PUZZLE 40

S G N I K E N I R E H T A C A T H
X N E I L U J L L E W S E R C X U
K R E D N A X E L A N I A R O M D
E I R U B E N M A I N S L M W R S
X R M A T M S G G U Y U F B I A O
U B E L P J G V W U Z B O W D W N
B Z S G Y O E L G L X O R G A N M
R K I M N N L A P T A N D G N A C
E T X V V A D G T D O I T W D F P
D L E F I R R E I A L B A D R R H
N N L R C E I G C F P G N J E E A
A I A A T H D L D O K A N J M T I
X G R N O C G S U E T L I D A X L
E E E C R T E K T K R E S O R A N
L L T I A E A X X W R F A M T B H
A D S S S L D K X E O H I U I V V
S E I S H F A X F B C N C N N Q F
E G L O B W M L Q N F Y O D N S U
M A A O Y J S G V A I J F I N I O
A L L K S T R E B O R D Y O L L W
J E U R R N F S D Q I X C H N Q E
I R V A A L E X A N D E R S H Z B
K L C M K C A Y N N E I R B O K U

SOLUTIONS

PUZZLE 41

R N R F F E A H C A R N O V E D Q
D A V I D K I N G X X Z J G S T H
Z K C F C V M D J B A I P K A X A
J P Q S P H L T P T B J N G M Q P
T M S Y L R A P B G G A K D U P P
C M T Q X N I R B N G J K L E T Y
J S F T Z O T O D A D L G X L N A
A A V L W M J S B H F U P E N E K
M L S L O I E B Z L O A C X I C A
I G N O G S R E Q U U I S M L N S
E U I R S D O R Y S S D K Q E I I
G O G R A R M T A I O R G I S V E
O D G A L O E J D W E A D P N E T
R S U C G F G A I E I R J T T N E
D N H O N N O M R L N E D M H I G
O E R L A A R E F N N G Z J C R G
N E U L I S D S D O A R S G N E O
Y K H I T J O U L T R X I L U H D
P G T B S C N E O N E T X F P T N
A Z R J I F R W P I H O C B D A A
S A A X R Z H D O L T H E S R C E
G H E F H U B B E C O N A Y O C S
P A A B C R W R L W M A B K N E U

PUZZLE 42

S T H W I N S T O N F L E A R Y J
E Y N N A H D M A R L L F I T P W
L F K L B H S R Y O D A Q K E F B
L B X K U K M R G T A D S P G X E
E U M E A R A H P F E Y L B R F T
C V M T E O I U A V H F A K O F T
R Y Z H D Y L R Y F D M P L E C Y
A D G E E S L I N Z E U U E G W M
M S E L B T I A E H R H R S Y O A
O Y V S R O W H B A E T C L N H S
D J Q T O N A B A G I N E I O S C
I B E A F H M U N I L M L E H Y O
U M N N L O I T F P L K L P T R L
G O C F E P S L I O I B S I N R L
D T B R T K S E E P W I S E A A T
C T M I U I E R L T J I K R L M Z
F G L D E N D K D E H A N R W A R
R R A A V S S G O B O Z K E B T B
X E A Y S E M A J I N A R I K Y B
Z E G E R T R U D E P R O T A I N
Z N O B E R T N Y A C K N K X T E
A M B S N I O Z B G I A O S B D K
V R N E T S O H R E F I N N E J K

PUZZLE 43

R W I L L I A M B R A N C H Y V M
L L A D N A D L A N I G E R L K I
J C L O S L E D Y R O G E R G N W
R U H O B Z L W R J K O P S Q O P
C E F I K E Z G S S D Y I P R A I
I A H H C P R S N F W W B R I S Y
K S A C X K Z T K C E P O I E S C
E U I T T V L Y R L A B A L C D O
G D Y O P E J Y L A S X R F C D S
A S W R C E L E N N N A Y K S E M
B M H A C N I F I N H D N X R N O
R P M M R N A W E C Y E J R Z H S
I L N X A D L R K N D A K O C T J
E S Y D F I K E F A W M C X H E O
L D O N C A R E E D B A B K R N S
C L L E B E F O N C R D D Q L N E
L O C O D N K A V T B A E M K E P
A A N T H O N Y N O E L N V O K H
R W O H S Y R R A M A S E R E H T
K H T I M S S N Y L W A R O E A B
E L A E N O D L A N O R D Z B B S
P D E N N I S N O E L K S Q G I E
Q X V R E G I N A L D P I E R R E

PUZZLE 44

V J N S O N I A J O H N S O N X Z
W Y C N O S N H O J H T I E K E Q
E X I K S N Y Z R E I B F L O D A
I K R O X A N N E N E D D G W B I
A V E R N E S S A N O E L I O S S
S L D S F J F I E J S T N S B Y W
B L I J T J N M H I J S E B J K C
B E E S A E Y Q X I T S I J T A M
O R R Q T E R E R O M G J L M E N
T H N I G E L N N Z E X U W I L C
A L D O B A R M E C J T I L C F Q
G N Y I K R I G N D Z I E K H D U
S P O N A T A E E A D O G Q E L L
Z Y A G C Z R T M O N I E X L A A
G R J H A E E E H D R E U S L W P
F F E V W R C S N W I G B E E N A
L L A A Y H D A Q M A I E G F I J
L T L B I Q L R D U U I C Z R L T
O S G J F L S M E O I C T F I W R
X V X W O W R F V T F R C E D X E
N N O D T X O U M D S B O X A G P
E U A F M I G U E N R E L N Y S U
H P E S O J S I R O D J K W G F R

SOLUTIONS

PUZZLE 45

```
G N U M J F S G K U N G R F W W S
S C X E D A N E R G Y D N E W B K
D N W E V N I T R A M S U G N A J
G N B L P P R I T A L E O N E S A
O E P H I E A Z K X Y W S K P N O
D I W N N F K P O J K O L Q F I Z
F L F B H U R O G P N D T J Q L J
R U R F H N E E E D M P C A G L Z
E J A C E D T L L O A I P C E O J
Y D N I B P S E L P R L P O T C E
S O C N D F E E E D K L S B E E N
M O I D T V V T C R O I I R E L N
I H S Y Z L L S R A O H W O K R I
T E A M I M Y Y A O S P E S S E F
H L L C W N S E M C N E L S A M E
B L E K B M K L O D O L A G C W R
K E X E O C C R D R R O L F I D H
A H I N E T I E I A P H U A N I O
X C S Z O H R V U N R C A H O N S
T I N I W J E E G R O I P Z M A T
S M C E Z N D B Z E Y N D Q R L E
A M O K A A U F E B M M I K U Q N
E A L Y S S A B I E R Z Y N S K I
```

PUZZLE 46

```
L X Y E L T T O Y M E R E J U U Q
A Y A S G H P P J F N D V A O H E
Z G A D T V D I E A G D D C A Q V
A B B D R F N P L P E E U Q T A C
Z C O Q I Y C L A Y Y N V E S N E
J S Y K K R I K N A F E K G R G T
S I Z C L K F S I N I N J C U E F
C V I V R F Y R M X R E J H H L E
A U E M J G W Y O X T L D T N H O
C W C S L A O E S V C A H V A A S
U E O K Z B F S E O E V C Z Y R A
S M D L V N H U S U L R H H R P B
M S A R K R F V J E E Y T O B S R
K R C J A O L A D Y C I N T Y V I
T R L H A Z C E C I L N O E L Z N
W A A E O G I G U T I P D W Z S A
R D L P G L N W F D A W A R K L F
J V M L S S A I K J K R S U F V R
S A U B P I B R K C U C H A X G A
W Q M N B R N O F A A J F S D U N
H S B I N A E U D K R L T T C C C
A L N I S Z R E L A G Z B C G M I
B L A K A D A N A B F F C W U F S
```

PUZZLE 47

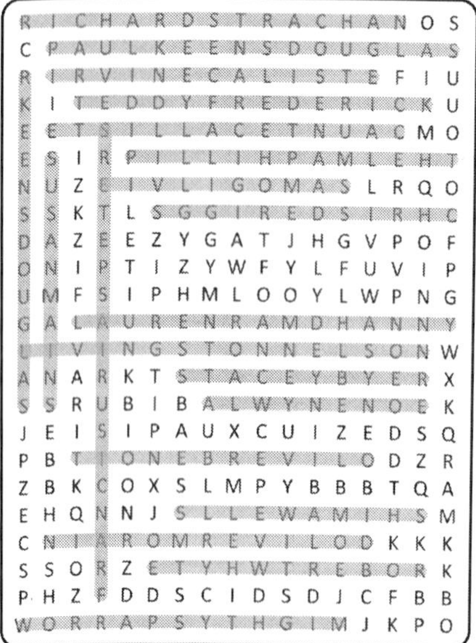

PUZZLE 48

```
E H O L L Y C H A R L E S K X U P
C R X X P I L K A R X T D I V S U
W Z O B X C Q X V E S T B R I E R
L L F M V M M D Z H S Q F A N L O
S V O O Y I P J B C R J G N A R T
V B X H S L Q W P T E J M I L A C
D G J T R N L J O E H E G J L H I
A K Q I E M G O W L C R R A E C V
M I D M T A D S C F T T H M Y A N
I T R S E H E N W Y E K J E N N O
O H A N P S A G L R L F U S E O D
N S Z O N E K X A R F L N T F H N
D O Z V O R I I C E E R I L R S I
A N A E S G M L S H R A O T A I L
N B H D R Y W E A S D W R A N K P
I A E K E R I F P W N L M X C K Z
E I L H D A L T N D A L U M I N S
L N L T N H L R O A A E R B Q U I
Z X A U A C I U L J K W R C U O L
P Q H Y E A A K E L D I A S E F J
A Q L Q H Z M R N K X S Y X U E R
N H B K G Q S A H H Z D C A C G P
M K Q R E N N I E L G I L B E R T
```

SOLUTIONS

PUZZLE 49

P L L E C R U P N A O J I A L H E

G D R O F W A R C Y D N E W E G M

N I K P O H N N A F F A I N N V M

B S C E L L E N S A M O M U S L A

D E O E J K Y M C N N S H O N U L

R D M Z L Z U Z E G P C D N I T I

O R B Z K I L X R I W Q O A K H N

F I E S D U A H R O H E A D O T P

S S M H L G X C H H S P N I Y F I

R N H A C N E C L N R H P A A E E

O F A E L T A W N Y C Q P B N R R

H I P J R Y E A G A N D F E R C R

E W H G N E E L O X R E P N O E E

N P A A B I E R F A M X H J B N B

I V J P L H A N O N S S Z A E I R

T S A S L R M C H R N E F M R L E

S Q E J T E S D K O I A Q I T E N

I L Y E S I N O V U L R X N S U D

R F P S L G A E R W S A L E Q Q A

H Z B L K C U L D I L D S V L C H

C Q Y E R Q K D N D X Q M A H A O

X H C Y N T H I A G A I R Y U J O

P T T I P E T T E D U A L C J K D

PUZZLE 50

E I L L A E D S I R H C I L B H V

A D V L L E B P M A C N O R Y B B

L T R O Y G A R V E Y S E Y P E E

I O R L A X V S O O P E T G L T G

S U E I R N H Y A Y D K S I S V M

T M I N U P D D P W Y M I I J I A

E W R D N J X J V G I W T H C G N

R T R A A O S O J F N P P H Z T D

H E A S N R S Q J Y A H A E T B R

U D F T E W U T Q B E E B R N B E

G D A R P A I K Y G L K A R A B D

H I R A T M F O Y B R I D O R U O

E E T K U Y R X A G U R N L G B N

S F S E N N E S E Q H K E M E N A

B R I R E U C P U K I S R A G O L

L E L K H O Y C H N K E B I R L D

L D A H M N B R S M S E T T O L V

W E C B J V B Y U K B T I L E E B

G R E L L B F B R P Y A J A G K V

T I M I K E Y H U T C H I N S O N

K C H T I M S W E L X A V D U I Z

S K B N R N O E S E I L S E L U T

M V Z M N J U N I O R G E O R G E

PUZZLE 51

R O S A L I N D H O W E L L S Q O

G W Z S T E V E M C Q U E E N Z P

Z S S E L A E S A D N A M A B Y H

J E T I A W H T A R B E N U D I Q

L Z R P L S I F E N O E L A H U Z

T I M O T H Y A N T O I N E A A Z

J E D D E N N A H K M F W T M J H

E P R O F A E P P G U R T I I O P

A S R R B C B J Y Q N O K R L H P

N I P Z A W P O M O J A R R T N A

A M T I Z N W W M R P M Y A U S T

U O D P L Y C G C A O A L B N O R

G N U A P L C E U R D E X E L N I

U S W H B Q I L G I O I G N E B C

S T D J S V L H R R L T N I W E K

T E N A A A M F P E I Y W D I H A

I I U T M Z S T F L W F I U S A N

N L Q B W U N K O I E E F E B R T

E A E W G C R R R K M H U I T R O

T R H N W A B N I W L E C J T Y I

T K A U M U D C R K Y H X A R H N

P E G G Y A N T R O B U S I R J E

Q Y L I S E L L E J O S E P H N H

PUZZLE 52

L L R Y S V H O L W U V S V A Z M

O E P F L I Z C A E E I B E N Z F

M K A O I P A A L S T K R S N G L

R B R R G U M R A T A C I I A H C

R C A T E N R I R E T I V U D L T

I V D G D D Q B D R S R E R A E K

V U I E C E R S E H E E R C L A B

E E S O P R Y L H A T D T T E P L

R G E R K W A E T L N E U A F E E

A A B G C A B A A L O R B U A K S

N N E E T T S P C E M F I B L S E

T E A C X E N P E S L T N D L H N

O R C E F R I T H T E R G S S I D

I A H X O S V K T A B O F F P L A

N C E O L C R G M T M F F D H L L

E E R L I U I G L E H K G O Z D L

C H O C O L A T E M U S E U M Y T

Z T F J T P R R N V N L S W C Y U

A B B P E T R O G L Y P H S T U N

N M U E S U M L A N O I T A N T N

P G O L L R A S B C S W V D E G E

N P K I B E N D G V L N F I B G L

X I E V A S D T H E T O W E R D L

SOLUTIONS

PUZZLE 53

```
Y Q G R Z B B H I G H N O R T H U
P G I N H B X I R O S P D Y L W D
D Y N N I X G T G Q P J K V W C A
I N G I O D C O S D S P J R H N T
W O R Q T O L J S K R N P M C D D
Z T V V D H R I S A A U B O A Z C
E I H L G R G A U U I Y M I E O N
R P J M U H A I M B O R A J B Q N
R E T J H Y J U F O T U D K E Z Q
E H O Y L I K D G G B A M H S L P
I T M I V T O H Q T A V O U I D Z
P G B S A B A Z A N S L I B D Z N
M N S X C B B F A X F A F N A S I
A I T V X N O T T O C V O I R L Q
D R O U U N I W A I M Q M C A O D
A A N M O W I N D W A R D T P O R
M G E O G A L E P I H C R A H P R
T U F W G N I C N A D E K A C S L
I S E P A R E N T S P L A T E A H
E C S X L A V I T S E F E N O T S
P B T L Y M F L S L L U J Z J J J
A P E E F S Z A P N E A P F A Y P
V A Z D M I L D G A T T A G E R J
```

PUZZLE 54

```
E L B C R G S P N X G O U Y A V E
I M A P O M K T Z P Z N T T Z R R
M A R Q U I S M A Q B S H J H S E
F B B E A U S E J O U R R N B U D
Z L B L M E M L M N W H J M K P E
V A J Y L N K A Q I T P F O I E V
O M Z O P U L S G D K J X H L L L
Q O U I F T R A S R U E T U A S E
M D H F E R Y G D K A T O M P G B
Y E C K N O Y E V J P N D F O Y R
H P O H Y F E S F K T N D X T S P
Y M R N R A Z S K M A T B B E R U
O W C E Y L R E N R U R Z V R N P
Y H F Y E R J B G A A B S J I A H
E U L A N S E A U X E P I N E S S
L E P M A Q W Y V L B T D F V K M
S I R F F P N Y D U C H I X U H F
I L P Q E S N A D N A R G T H Z V
E U P Z U A E B A R I M H A E C X
L A S Z N P E G W U C G A D G P S
L E V J T M O R N E R O U G E O H
E B T A P U N K L V Q S G E E E S
B M I B N B Q T G F R I A N O B T
```

PUZZLE 55

```
I D O U G L A D S T O N Z H F L D
E L H H R F S W E S T E R H A L L
U V U A L A R E V E L N E L J Y A
N C O I Q S L X X I S Q R G K A C
F I J R L S P W L G G A G R O T Z
U C U V G B P H Q O I X W E K U N
T D G J X H G M G M A T L N C B Z
F E D B F M C R E X L X C V L H O
O A S R R E O R N T M V Q I O P C
X Q S R O P R U I R N I A L Z G A
I J V B U C S R N B U O N L I J M
F P P S G O N D E T Q B M E E Z G
R B A M V R C O N T R T O D R B I
H I W R T I E F C A S O L W R H D
K Y V V A C C Q L O L E S N J E I
V T P E W D M T U O C D L E A Q P
I J S N R A I W O I G X O K F Y W
M D E B H S R S N R N B Z O I R Q
V L K T F K A T E N I C F B W T K
Z O L L Z B T L R O I A T K U T B
L A V C B Y W J L S D N A L E Y B
W O W F V V E G Z E A M E Q U R S
X R J N A R A M M C L N Q D S H Z
```

PUZZLE 56

```
S X S D I N S E I R E H S I F D U
U R R H V O J Z Z W A E S P Z X V
V E A C O I W Y O F G D G C X W E
O T F T G T L W H E R U N P S O L
E A G W T A U K E L O C I T E Y E
R I N E O T S Z N A P A T E I L S
E L I T V R D Q G S R T L L R A V
N Y R A D O U L R E O I U E T I C
E Z U T H P R E R L C O S C S C N
W B T S N S R R B O E N N O U N O
A N C E A N E A J H S J O M D A I
B Q A L R A R C T W S V C M N N T
L S F A A R U H W W I I O U I I C
E G U E U T T T Y N N A A N E F U
E O N R U Q L L P Z G B C I V D R
N V A T K W U A F I A L G C I Y T
E E M W C Y C E Z F K H S A T D S
R R M N W I I H E R O T W T A L N
G N Q M S I R U O T D V D I E F O
Y M Y U D A G L E J N U Q O R M C
A E K E Y O A U L A A U O N C N S
L N H P T N Q S K I Z U T S Z Q G
X T L A T N E M N O R I V N E Q Z
```

SOLUTIONS

PUZZLE 57

```
H S H J Q W U A I U C M Y B I K R
Z S M V G J X S T R A D E N F A X
G J R X Q E G S X Q F B K F H T O
A P I N L A N D R E V E N U E A G
U D N Q Q H E Y W E Q C T M G G X
O J J R D G I U A Y Z A S M S H D
E Y T I Q S A V C M U V A T D R Y
O H E F D Q N Z S C J T E E L J I
C D B S Q O T I Z G T C L V W S U
W T B N T S N Z Z G C A S X Y O Q
R T Q E X P D F H B I J C E F S Y
L A C Y X C A G O J A P E R V Y J
H Y V U F N K P C B D Z O Z X I D
B R S H S I K E G F B K Z N W C K
R O J Q S T C S H I G E H D R D J
A O F M I R O N A N B F W K E I X
L X R H E E C M X A F X V S H G R
B A T M C R S Y S N T P W H O R D
F A M T S P V K T C Z O A T M H A
A O K N I F R A G E D P K I O D T
C H D O C P U D O N Z F N M K A C
R P W B I M X R Q R F I U A K Q N
X W K N A B D L R O W D C S C V U
```

PUZZLE 58

```
S G R N J G Q H C B K V L C Q X I
E G F Y D W Q I T Q X X D R C W G
R B X J X B Z X Q N R E E A Q J L
U P E R U T I N R U F C T F Q K F
S F H U C J E J G V T I A T X B C
A I Q D Q A C A U K Z P L S B H M
E O O C N D Y T U N E S O R R R N
R A N O U A X J C X S D C U H J V
T L N C V N E O I L E E O K I J J
E Q I O S E T G R P E T H T H Y G
X K B A P R K P X V H S C M I H E
U Y L B I G A O C O C A N J U A M
L A Q A C A J W F E T T I N S V T
P E Y L E L S V T N A F P E H F U
K H X L S E M A S I O C K O A B N
V H C X K D T P W W G A T K M Z X
L N D T L D J P I K C S S B U T T
F S E S N A S I T R A Q A S R S U
J A M L H X V T A U V D M X B H N
V S T S I H S G C B F P G J I R W
E H U H P I U E E U S K C P I H L
U L N H M S U Q U M N H D V V N P
I A J O U V A Y N K R I J K N A R
```

PUZZLE 59

```
S S E R T S M A E S T E C H I E J
O F D I S C J O C K E Y I F Y C O
O M I Q W C D V U H R K N T Q E Q
O F K Z F X P B N H N S A T C C V
N A M R E H S I F D R S H A S B E
Q I J P B G K P G O K S C J B V N
Q U N S Y L H H G K J O E D I B D
Y O R S W A T U T W F Y M N V U O
O P H O T O G R A P H E R G L R R
B E A U T I C I A N T M C N L T I
W M W E I N Z V T M T A D Z M Q Y
N A M Y D N A H Q O T N X K K S D
R J N K R F V T T E J O E I Y V F
L Z G W E S R D R I E Y U T C R M
R Y R Z M S N E N N O I M E N Q N
X Y M N R D R K C A R G X Q F O T
A L W F A G G Y E N B E K Q P K C
X G E K F J Q C L V E S L W R G X
S J L Y E E I T V F L U A I C Z A
E D I U G R U O T W Z K L M T K N
R C S O N A H J V U U M E F H D Q
H R E B R A B Z K G C H E F N E W
D Y X C U F Q U X G T F A R C I Q
```

PUZZLE 60

```
C H T T Y T I S R E V I D O I B Y
L Y T I N U L A N O I T A N W B M
J N Z C D C P R E S R L L J P S S
Y T I L I B A N I A T S U S T N L
E R T E J A S X X G X Y B C O P L
R I F A G P G C P Y G U E I I O I
A G Z N H T H Z J R N P T H Y R K
C U C W L Q P M E O S A S L L G S
L F N A E C Y N I E V R V B N A H
A L R T K I E T R O U H X L M N T
S Q H E A N A L N E S N A W N I U
R G N R E C A N N D X J A Q W C O
E A W E U U I E S K M A C V B F Y
V M R D T Y R X T P S I I M C A C
I G E U R P R M C X N I E V E R C
N P M R E G E N E R A T I O N M Q
U F P R E C Y C L I N G A K B I S
F T T E C N E I L I S E R A S N V
A N E K O T E C H N O L O G Y G R
E Z T S P N O I T A V R E S N O C
D I G I T A L J O B S S C B Z V B
L I C I H L E C O F R I E N D L Y
W A G R O T O U R I S M A I U V G
```

ABOUT THE BELMONT FOUNDATION INC.

Empowering Communities Through Education, Care, and Sustainability
The Belmont Foundation Inc. is the non-profit arm of Belmont Estate in Grenada. We are a registered organization dedicated to supporting individuals and communities through targeted programs in education, elderly care, environmental stewardship, emergency relief, sustainability, heritage, and community development.

Education

We provide scholarships, run book reading programs, and offer summer and after-school support to help students at all levels succeed.

Elderly Care

We offer support and outreach to elderly community members to ensure dignity, inclusion, and well-being.

Environmental Stewardship

We promote clean, green living through tree planting, education, and conservation activities.

Emergency Relief

We respond to crises by providing essential supplies and support to affected families.

Sustainability

We encourage local food production, eco-friendly practices, and community-led sustainable initiatives.

Community Development

We support skills training, local entrepreneurship, and social programs to build stronger communities.

Heritage and Culture

We preserve and promote Grenada's traditions, values, and stories through cultural education and community engagement.

📖 ***We invite you to learn more or get involved?***

Scan the QR code below to visit our website and explore our impact.

The true measure of our patriotism is not just how we memorialize Grenada, but what we do each day to secure her future.

Shadel Nyack Compton

Made in the USA
Columbia, SC
26 April 2025

56997810R00087